GRANDE-CHARTREUSE.

GRENOBLE ET SES ENVIRONS.

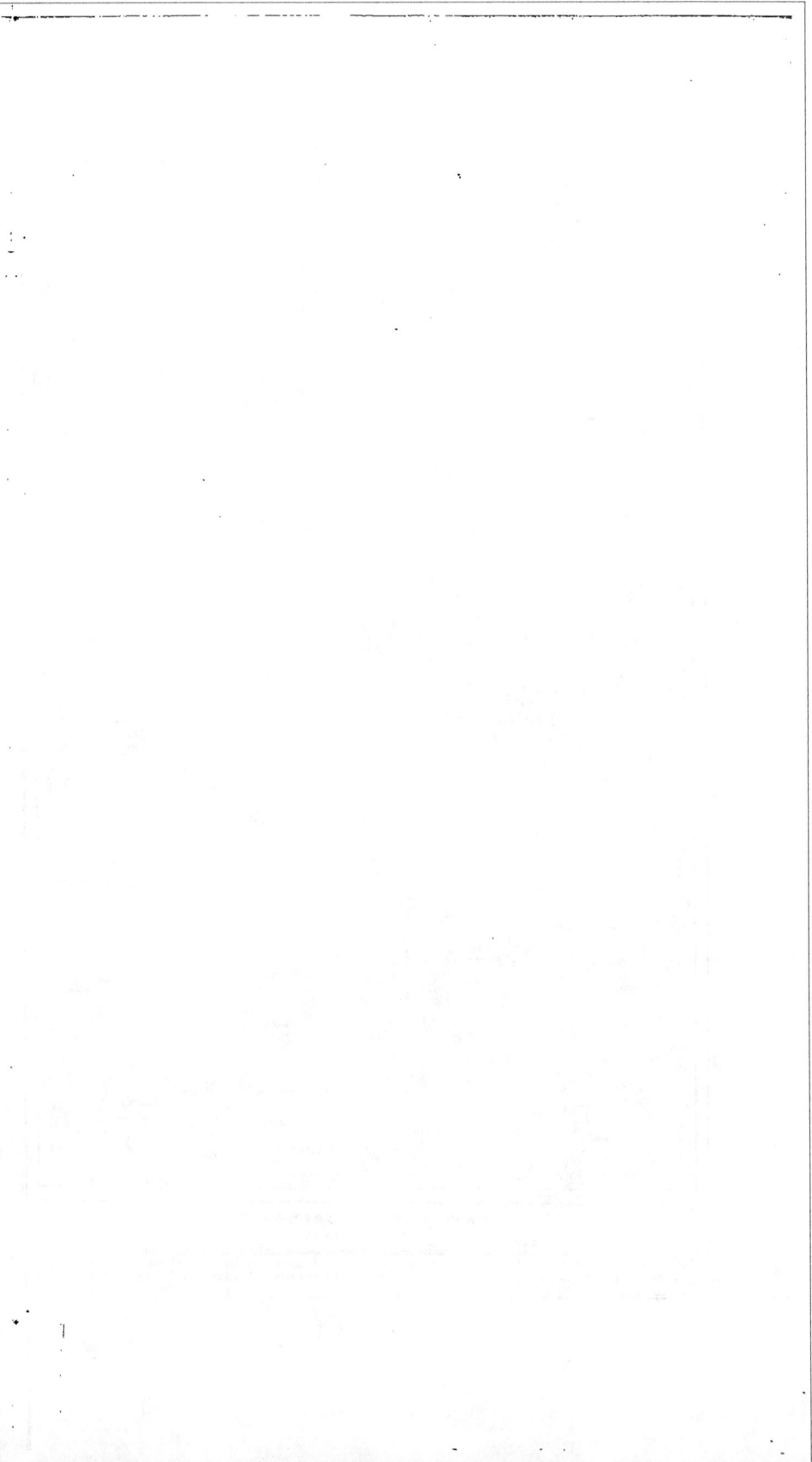

St Albin
Noissin
St Buck
St Geoire
Merlas
Les Echelles
Miribel
St Sixte
St Christophle
Le Gitiers
St Pierre
St Laurent du Pont
Grand Som
Chartreuse St Bruno
Chapelle Ste Marie
Gde CHARTREUSE
St Aupre
St Etienne
Voiron
Coublevie
St Julien
La Courverie
St Pierre de
Barreuse
Entrée du desert
Le Gd Logis
Ste Paruisse
St Pancrace
Les Collaves
Jean Morens
La Buisse
St Christophle
Chaparcillan
Bellecombe
St Marcel
Barraux
Fort Barraux
La Chapelle
Breda
Le Montaret
St Maximin
Le Montaret
La Chapelle du Bas
Allevard
St Vincent
Le Touvet
St Michel
La Terrasse
St Bernard
St Hilaire
Lumbin
Crolles
Les Buissieres
La Flachere
Goncelin
Tencin
Theys
La Pierre
La Ferriere
Allevard
Pierre
Le Cheylas
Morelt
Lac du Her
Lac du Prayel
Pinsol
Chalais
Voreppe
St Martin
Proveysieux
St Vincent
Montaut
St Egreve
Quaix
Montbonnot
Meylan
Corenc
Sarcenas
St Ismier
Le Sappey
Rivière
Biviers
St Nazaire
Berrivey
St Martin
St Mesme
Villard bonnot
Brignoud
Lancey
Lavars
Le Champ
Les Adrets
Proges
Les Portes
Forêt des Portes
Le Chama
Marzieres
Lac Jouan
Lac de Molle
Montagne de 7 Lacs
Lac du Coq
Lac de St Japlan
Lac de la Jasse
Montagne abîme
Le Versaud
Lac du Crozet
Lac de Freydous
Olle R.
Articolles
Vaujany
Rerette
St Nizier
Domène
Revel
Sassenage
St Martin
La Tronche
Murianette
Gières
Meylan
Engins
GRENOBLE
Martin
Seyan
Pariset
Seyssinet
Seyssins
Cossey
Pinet
St Martin
Eaux d'Uriage
Oz
Allemont
Eybens
Villeneuve
Herbeys
Echirolles
Bresson
Vaulnaveys le haut
Vaulnaveys le bas
Livet
g. de Rousse
g. ou petite Rousse
Uber
Villard reculas
La Garde
Lans
Clair
Pont de Claix
Allières
Risset
Varces
St Nicolas
Champagnier
Montchaboud
Vizille
ND
St Pierre de Mesage
Barthelemy
Villard Reculas
Bourg d'Oisans
Aurris
Freney
St Paul de Varces
Villard de Lans
Vif
Laffrey
La Morte
Cholonge
St Georges de Commiers
St Jean de Vaulx
Ornon
Les Gauchoirs
Villard Eymond
Palanfray
Genevray
Le Gua
St Barthelemy
Paquier
Monteynard
Avignonet
Sinard
St Theoffray
D. de Commiers
La Mûre
La Motte St Martin
Les Ponts Martin
St Honorat
Nantizat Robin
Villard St Christophe
Lavaldens
Chantelouve
Mont du chat.
Lac de Chauvilet
van Bernard
St Anchaire
La Gresse
St Guillaume
St Paule
Treffort
Marcieu
Monestier de Clermont
La Mûre
Suville
Revel
Valbonnais
Entraigues
Pierre Châtel
La Valette
Le Perier
Allevis le Rabier
Lac de Labarre
Valjouffray

ENVIRONS DE GRENOBLE
Échelle de 3 Myriamètres

Lith. R. Phividir, Grenoble

Routes Nationales.	Routes Départementales	Chemins Vicin.x de 6.se Communes.on	Limites des Départ.ts	Limite entre la France et la Savoie	Limite des Arrondissements	Chef-lieu de Canton, Villes, Bourgs.	Forts et Chateaux	Communes rurales.

DESCRIPTION PITTORESQUE

DE LA

GRANDE-CHARTREUSE,

SOUVENIRS HISTORIQUES

DE SES MONTAGNES ET DE SON COUVENT,

et

RECUEIL DES PENSÉES INSCRITES SUR SON ALBUM PAR CHATEAUBRIAND,
LAMARTINE, Mme DE STAEL, etc., etc.,

PAR M. AUGUSTE BOURNE ;

SUIVIS

De NOTES sur la Géologie, les Fossiles, la Zoologie, la Conchyliologie, les Coléoptères,
& la Flore de ces localités,

Extraites des œuvres de MM. LORY, Albin CRAC, VILLARS et MUTEL,

D'UNE NOTICE SUR GRENOBLE ET SES ENVIRONS,

D'un État de toutes les Voitures à service régulier,

DES HAUTEURS BAROMÉTRIQUES DES PRINCIPAUX LIEUX ENVIRONNANT GRENOBLE,

D'UN ARTICLE DE BIBLIOGRAPHIE LOCALE,

et

D'UNE TABLE ANALYTIQUE

Contenant des Notes sur les moyens de transport et sur les routes qui donnent accès à la Grande-Chartreuse,

AVEC 8 VUES ET UNE CARTE ITINÉRAIRE.

GRENOBLE,

PRUDHOMME, IMPRIMEUR-ÉDITEUR,

Rue Lafayette, 14.

1853.

ENTRÉE DU DÉSERT
par St-Laurent-du-Pont.

LA

GRANDE-CHARTREUSE.

Les montagnes de la Grande-Chartreuse, situées dans le département de l'Isère, faisaient partie de l'ancienne province de Dauphiné; elles forment un massif de 40 kilomètres de long sur 15 de large, et sont limitées, au levant et au midi, par la vallée du Graisivaudan et par l'Isère; au couchant et au nord, par les coteaux de la Placette, les plaines de Saint-Laurent-du-Pont, et le duché de Savoie.

Au centre de ces montagnes, peuplées de forêts séculaires d'une splendeur qui impose tout à la fois le respect et l'admiration, se trouve le couvent des Chartreux; dans les environs, mais en dehors de la partie entièrement boisée connue sous le nom de l'*Enclos*, on rencontre deux villages assez importants, Saint-Pierre-de-Chartreuse et Saint-Pierre-d'Entremont, puis quelques hameaux épars sur les points où le sol a pu être livré à la culture. L'Etat, qui s'est emparé des biens des Chartreux après la suppression de cet ordre en 1790, possède dans ces montagnes une contenance forestière de 7000 hectares : elle est l'une des mieux conservées et des plus remarquables de France.

On arrive à la Grande-Chartreuse par deux routes principales : celle du Sappey et celle de Saint-Laurent-du-Pont. Tous les itinéraires indiquent ces deux voies ; elles sont, en effet, les plus directes et les plus faciles. Cependant, il en est d'autres qui l'emportent par le pittoresque, la variété et la grandeur des sites.

Que les personnes qui se bornent à une simple visite au monastère suivent les routes les mieux frayées, cela se comprend ; mais à celles qui désirent s'engager dans les forêts sombres, traverser les immenses tapis de verdure émaillés dans les beaux jours de fleurs inconnues à nos plaines ; aux personnes qui ne craignent pas de gravir des rochers aux pics s'élançant dans les nues et dont les moindres aspérités servent de support à de gigantesques sapins ; aux touristes qui veulent connaître ces montagnes dans toute leur majesté, il faut indiquer, non-seulement les chemins, les sentiers, mais encore tout ce qui peut être digne de fixer l'attention dans ces contrées privilégiées de la nature, et qui offrent pour ainsi dire à chaque pas, à l'homme qui les visite, une merveille à contempler.

ENTRÉE DU DÉSERT
par le Sapey.

I.

Route du Sappey (1).

En sortant de Grenoble et se dirigeant vers le nord,
on parvient en quelques instants au pied du coteau où
doit commencer l'ascension. Le voyageur qui n'aura pas
la force de soutenir une marche pénible de six heures
au moins, ne doit pas prendre cette route, car il faudrait des mulets, et il est difficile de s'en procurer à
Grenoble.

Pour le piéton, c'est la plus courte et l'une des plus
accidentées. A deux kilomètres de la ville, on gravit les
hauteurs de Mont-Fleury : c'était là l'ancienne villa des
dauphins dans le Graisivaudan ; elle devint plus tard
une maison de Dominicaines. Les dames du Sacré-Cœur,
dont la mission est d'élever les jeunes filles, l'habitent
aujourd'hui.

Du plateau où s'élevait le vieux manoir delphinal,
brûlé par trois fois, et où s'élève maintenant un couvent,
du plus riant aspect, on peut contempler la vallée du
Graisivaudan. A gauche, le Monteynard et ses gracieuses pentes, les fertiles coteaux de Montbonnot, de Bernin, et la Dent de Crolles ; à droite, Grenoble, le Cours,
le Pont-de-Claix, les montagnes du Villard-de-Lans sur-
montées par la Moucherolle, le Drac, Sassenage, les
verts coteaux de Seyssins, la vieille Tour-sans-Venin et
les balmes de Fontaine ; en face, un panorama d'une

(1) Distance de Grenoble à la Tronche, 1 kil.; de la Tronche au Sappey, 9 kil.; du Sappey à la forêt de Portes, 4 kil.; de la forêt de
Portes au hameau des Cottaves, 4 kil.; des Cottaves à la deuxième entrée du désert, 6 kil.; de l'entrée du désert au monastère, 3 kil.

majesté indescriptible : toute la chaîne des Alpes dauphinoises dominée par le pic de Belledonne, ce géant
aux glaciers éternels; les agrestes coteaux des deux
chaînes de montagnes qui servent en quelque sorte de
base granitique aux monts alpestres, de nombreuses
maisons de campagne parsemées sur les flancs de ces
riches montagnes, des villages à leur pied, les sommets
de l'Oisans, l'Isère qui coule lentement entre ses sinueu-
ses rives, et le Drac qui précipite ses flots impétueux ;
derrière soi, le mont Rachais, Chame-Chaude, la gorge
de Monteynard, de verts coteaux encore, des vignes, des
sentiers; partout, enfin, une nature pleine de richesse et
de splendeur, partout des moissons pour le cultivateur
et des lieux de rêverie pour l'amateur de la belle nature ;
c'est là un de ces tableaux que l'on ne peut peindre :
l'homme ne peut décrire tant de splendeurs !

Dans la nuit du 4 juin 1562, les calvinistes pénétrè-
rent par cette route, et vinrent brûler et saccager la
Grande-Chartreuse; passant à Mont-Fleury, ils mirent
le feu au couvent, après en avoir chassé les religieuses.
Ces saintes filles furent cependant respectées : Chorier,
qui rapporte ces faits, raconte qu'un soldat ayant voulu
lever le voile de l'une d'elles pour voir son visage, le
lieutenant du baron le fit pendre à un arbre voisin : singulière justice.

Au delà de Corenc, on arrive au Sappey en tournant
le mont Saint-Eynard; on traverse une montagne nommée le Col-de-Portes, à 1370 mètres au-dessus du niveau de la mer; on laisse sur la droite le pic de Chame-
Chaude ou pic du Midi, pour s'avancer dans la vallée
vers le village de Saint-Pierre-de-Chartreuse et les hameaux qui en dépendent.

Le village de Saint-Pierre-de-Chartreuse fut détruit
en entier par un incendie en 1846. Les habitants, pri-

vés de tout asile, furent reçus par les Chartreux dans le couvent, et à la Courrerie qui en est une dépendance; il leur fut distribué, plus de six mois durant, des secours en vêtements, comestibles et médicaments. A quelque distance, sur une hauteur, apparaît la nouvelle église construite aussi par les soins des Chartreux.

Saint-Pierre-de-Chartreuse est à l'entrée de la vallée que forment les rochers qui dominent la plaine du Graisivaudan à droite, et par la chaîne dont fait partie le Grand-Som à gauche; à l'autre extrémité de cette vallée se trouve le village de Saint-Pierre-d'Entremont.

Le chemin qui conduit au couvent passe au pied du mamelon sur lequel est établi le village de Saint-Pierre-de-Chartreuse; il longe le torrent du Guiers-Mort jusqu'à l'entrée du désert.

Ce torrent, formé par trois ruisseaux qui viennent se réunir au-dessous de Saint-Pierre-de-Chartreuse, traverse le désert et, après avoir arrosé la plaine de Saint-Laurent-du-Pont, va se joindre près des Echelles au Guiers-Vif, rivière qui prend sa source à Saint-Pierre-d'Entremont, pour se jeter dans le Rhône au-dessous du Pont-de-Beauvoisin. Le nom de Guiers-Mort lui vient de ce que, dans les années de grande chaleur, il reste quelquefois à sec : les actes contemporains de saint Bruno le nomment *Guerus mortuus.*

Après une descente rapide entre deux rochers, on parvient à l'entrée du désert, défendue par un pont jeté au-devant d'une porte crénelée; la tête du pont est également revêtue d'une espèce de fortification : les Chartreux avaient cru devoir fermer ainsi les principaux passages, pour mettre obstacle aux excursions de la bande de Mandrin, qui venait souvent dans ces contrées et menaçait de mettre le couvent à contribution.

De ce point, il ne reste plus que trois quarts d'heure de montée pour arriver au monastère.

Après une demi-heure de marche, on rencontre sur la droite la maison de la Courrerie, et, sur la gauche, un petit cimetière où sont plantées quelques croix de bois sans inscription.

Cette maison étant une dépendance du couvent, nous n'y arrêterons pas le voyageur, empressé de se rendre au terme d'une course pénible; déjà il peut apercevoir les murs et les clochers du couvent, qui se présentent sous l'apparence d'une petite ville, mais qu'au silence qui règne tout à l'entour on croirait veuve d'habitants; on se demande si quelque désastre n'aurait pas fait taire toutes les voix des hommes en laissant debout les constructions qui leur servaient d'asile. Le son de la cloche qui appelle les religieux à la prière vient donner à ces pensées de mort et de destruction un autre cours, et rappeler à l'âme du chrétien la sainte destination de ces vastes édifices.

II.

Route de Saint-Laurent-du-Pont (1).

On arrive à Saint-Laurent-du-Pont, de Grenoble, de Voiron ou de Chambéry; de ces trois points on peut venir en voiture jusqu'à ce bourg, qui est au pied de la montagne, et on y trouve des mulets de louage pour achever le trajet, qui est de deux heures.

En partant de Grenoble, on traverse le village de Saint-Robert, qui en est distant de 6 kilomètres; là sont

(1) Distance de Grenoble à Voreppe, 14 kil.; de Voreppe à la Placette, 6 kil.; de la Placette à Saint-Laurent-du-Pont, 9 kil.; de Saint-Laurent-du-Pont à Fourvoirie, 2 kil.; de Fourvoirie au pont Pérant, 4 kil.; du pont Pérant au monastère, 7 kil.

placés deux établissements importants : la ferme-école, et l'asile des aliénés du département.

On peut encore prendre la rive gauche de l'Isère par la route départementale de Grenoble à Romans, passer par Sassenage, et, en traversant la rivière à Veurey, se rendre à Voreppe : la distance à parcourir est de 16 kilomètres ; par la route la plus directe de Grenoble à Voreppe, on n'en compte que 14.

Deux voitures partent régulièrement, pendant l'été, de cette ville pour Saint-Laurent-du-Pont.

La vallée de Voreppe est assez remarquable : c'est une plaine de deux à trois kilomètres de largeur, commandée à son entrée par deux rochers escarpés ; l'un de ces rochers, sur la rive gauche de l'Isère, porte le nom de la Dent-de-Moirans, parce qu'il domine la plaine où est situé le village de ce nom.

Du sommet de cette montagne, sentinelle avancée des Alpes, taillée à pic et minée à sa base par les eaux de l'Isère, on découvre distinctement les vastes plaines de Tullins, de la Côte-Saint-André, de la Frette, de Lyon, l'immense cours du Rhône, les coteaux de Fourvières.

C'est dans ses flancs qu'a été ouverte la carrière de pierres blanches de l'Echaillon, avec lesquelles ont été construits quelques monuments et édifices publics de Grenoble, et, depuis peu, le muséum du Jardin botanique.

L'autre rocher, sur la rive droite, élève sa crête au-dessus de Voreppe, du côté du nord ; il fait partie des balmes de ce nom.

Au milieu de ces balmes, qui précèdent celles de la Buisse, vient aboutir, dit-on, la galerie souterraine qui commence à la grotte de Coublevie, appelée le *Trou des Sarrasins*, traverse le plateau de Raz, et va sortir aux balmes. L'opinion sur la réalité de ce passage est confirmée par cette vieille légende :

Une chasse parcourait bruyamment les bois de Vouise, près Coublevie, quand deux voyageurs, descendant à Voiron par le chemin des Gorges, virent entrer dans le Trou des Sarrasins une biche poursuivie par une meute nombreuse de chasseurs et de piqueurs donnant du cor ; les voyageurs, ayant continué leur route vers Grenoble, furent grandement surpris, en passant sous les balmes de Voreppe, de voir sortir du rocher, dans le même ordre qu'il les avait vus entrer, la biche, les chiens, les chasseurs, les piqueurs, qui, toujours courant, se perdirent bientôt dans la plaine.

Cette histoire est tirée des anciennes chroniques du pays.

On devine pourquoi le Trou des Sarrasins est ainsi nommé : ces cavernes auraient servi, dit-on, de retraite à quelque famille maure, lorsque le midi de la France était infesté par des bandes provenant des débris de l'armée d'Abdérame.

Le défilé formé par la Dent de Moirans et les balmes de Voreppe a donné son nom au bourg de Voreppe, *Vorax Alpium* ; il a toujours été considéré comme un point de défense militaire des plus difficiles à franchir. Les habitants citent avec orgueil un combat qu'ils soutinrent avec quelques compagnies de gardes nationales mobiles, contre les Autrichiens, en 1814. L'armée ennemie se présenta au bas de la rampe qui aboutit au pont de Voreppe : elle fut littéralement écrasée par le feu de deux pièces de canon en batterie au-dessous du pont, et par la fusillade des volontaires et des gardes nationaux disséminés sur les coteaux au-dessous des balmes. Le lendemain, un régiment de dragons s'avança le long de l'Isère dans la plaine ; la position des valeureux défenseurs de Voreppe ayant été tournée, ils furent obligés de se réfugier dans les montagnes.

Le récit de cet épisode de nos dernières luttes nous fut fait au couvent de la Grande-Chartreuse par M. Durand, ancien maire de Voreppe, qui, lui-même, était au nombre des combattants.

Du pont de Voreppe, on aperçoit la route de la Placette ; elle se développe en divers contours nécessités par une pente rapide. Au second détour, au-dessous d'une petite chapelle, on se trouve sur la pointe d'un rocher qui domine toute la plaine, depuis le pont de Claix jusqu'à Tullins.

Au levant, on aperçoit le pic de Chalais, dépendance du couvent des Dominicains, fondé par le révérend père Lacordaire. Ce monastère était, avant la Révolution, la propriété des Chartreux.

Jusqu'à la Placette, la route est montueuse, difficile : on traverse le vallon de Pommier, où de verdoyantes prairies et des vergers du plus riant aspect, coupés par la ligne blanche du torrent de la Roize qui descend des montagnes de Chalais, donnent à ce pays une grâce sévère d'un cachet tout particulier.

On trouve sur le col de la Placette une auberge où les voyageurs qui ont fait la montée à pied s'arrêtent habituellement. A partir de cette auberge, la route se resserre entre deux coteaux couverts d'une riche verdure et de belles forêts. Le coteau à gauche est dominé par un mamelon au pied duquel est situé le chemin qui conduit de la Placette à Saint-Julien-de-Raz; sur ce mamelon s'élevait autrefois le château de la Perrière, célèbre par la mort du dauphin Guigues XI.

Guigues XI était l'un des plus vaillants princes de son temps; il fut marié à Isabeau de France, fille puînée de Philippe le Long et de Jeanne de Bourgogne.

Il suivit le roi Philippe de Valois à la bataille de Mont-Cassel, où il commandait le bataillon à douze ban-

nières. Quelque temps après, la guerre s'étant allumée
entre lui et Amé, comte de Savoie, il vint assiéger le château de la Perrière, et, s'étant trop approché pour le reconnaître, il fut blessé d'un trait d'arbalète dont il mourut dans sa tente, le lendemain 4 août 1333. Furieuse
de cette perte, l'armée du Dauphin donna un vigoureux
assaut au château de la Perrière, s'en empara, et le rasa
jusqu'aux fondements, après avoir passé la garnison au
fil de l'épée.

Guigues XI était frère de Humbert II, qui lui succéda
et fit ensuite cession de ses Etats à la France.

Aujourd'hui, les ruines du château de la Perrière sont
couvertes de ronces et de broussailles; c'est à peine si
quelques débris, quelques pierres éparses, apprennent
au chasseur que le hasard amène dans ces lieux, que là
fut un de ces antiques édifices féodaux dont on oublie
jusqu'au nom des anciens maîtres.

Après une descente de quelques minutes, la route est
constamment en plaine; elle est bordée, sur la droite, de
châtaigniers, de noyers, de chênes et de pommiers: des
flancs des coteaux se précipitent des cascades dont les
eaux écumantes s'aperçoivent au loin, entre autres celle
de Foran, d'une hauteur de 120 mètres, qui glisse
entre deux vertes parois faisant ressortir plus encore
l'éclatante blancheur de ses eaux; on traverse Saint-Joseph-de-Rivière, joli village sur les bords d'un petit lac,
et on arrive à Saint-Laurent-du-Pont, après avoir parcouru 29 kilomètres depuis Grenoble.

De Voiron à Saint-Laurent-du-Pont, on compte 15
kilomètres; la route passe à Saint-Etienne-de-Crossey,
et, après avoir franchi les gorges de Crossey, rochers
semblables à ceux d'Ollioules en Provence, on atteint,
au-dessus de Saint-Joseph-de-Rivière, l'embranchement
de la route de Grenoble.

De Chambéry à Saint-Laurent-du-Pont, par les Echelles, il y a 30 kilomètres : on traverse la fameuse grotte des Echelles; on arrive au bourg de ce nom sur la limite des deux Etats. Le premier village de France après avoir franchi le Guiers-Vif est Entre-deux-Guiers; de ce village à Saint-Laurent-du-Pont, il n'y a plus que 6 kilomètres.

Nous reviendrons sur la description de ces localités en parlant des environs de Saint-Laurent-du-Pont, où nous conseillons aux voyageurs de s'arrêter.

Saint-Laurent-du-Pont est un bourg présentant une agglomération de 1500 habitants; il est divisé en deux parties : au milieu est l'église, adossée, ainsi que la maison curiale, à un monticule couvert de sapins; au-dessous de l'église coule un petit torrent qui, lors des grosses eaux, descend de la montagne avec furie, menace le village, l'église, et jusqu'au cimetière.

Vers la fin de juillet 1851, tout le massif de la Grande-Chartreuse fut assailli par des pluies diluviennes tellement persistantes, que de toutes parts les torrents et les ravines fondirent sur la plaine. Dans la nuit du 31 juillet au 1er août, le Guiers-Mort fit irruption sur une partie du bourg de Saint-Laurent-du-Pont, enlevant toutes les prises d'eau des moulins et des scieries; le chemin de Fourvoirie fut coupé en divers endroits, les communications avec la Grande-Chartreuse interrompues sur plusieurs points; à Saint-Joseph-de-Rivière, à Voreppe, au Fontanil, les routes furent interceptées; sans de prompts secours réclamés à Grenoble et les efforts des habitants, secondés par les agents des ponts et chaussées, par des détachements de militaires à la tête desquels s'était placé le premier magistrat du département, M. Chapuys de Montlaville, le bourg de Voreppe était emporté par le torrent de Roize; on voit encore, au-dessus du pont et le long de la route jusqu'aux Echelles, les traces des ravages considérables occasionnés par les eaux.

Les voyageurs, arrêtés à la Grande-Chartreuse et dans tous les villages, furent contraints d'y séjourner plusieurs jours.

De mémoire d'homme, on n'avait vu les eaux des deux Guiers et des ravins descendre des montagnes aussi gonflées, aussi menaçantes.

On a cherché à expliquer la cause de ce véritable déluge. Les uns l'ont attribué à un soulèvement des eaux intérieures, produit par un tremblement de terre; d'autres n'y ont vu qu'une énorme trombe qui, portée par les vents du nord, aurait été arrêtée par cette première chaîne des Alpes, et y aurait versé toutes les eaux qu'elle tenait renfermées ou suspendues dans les nuages immenses dont elle était formée.

Nous laissons aux savants le soin de décider laquelle de ces deux opinions est la meilleure. Nous nous bornerons à signaler cette circonstance, que ces désastres, qui marqueront dans les annales de ces contrées, furent précédés et, au dire des habitants des campagnes, amenés par l'éclipse de soleil du 28 juillet.

C'est dans la partie du bourg au delà de l'église, que s'arrêtent les voitures et les voyageurs. On y trouve trois hôtels principaux : l'hôtel Tirard, où stationne la diligence de Chambéry; l'hôtel Tartavel et l'hôtel Gondrand. On peut se procurer dans ces hôtels des chambres propres, des lits passables, une bonne table; on y sert ordinairement des truites excellentes, des écrevisses, du gibier, qui abondent dans le pays; les prix sont modérés; c'est dans ce bourg qu'on trouve des guides et des mulets pour monter au couvent.

Le bourg de Saint-Laurent-du-Pont, visité par de nombreux voyageurs, a vu s'édifier des maisons nou-

velles qui en ont changé l'aspect ; il ressemble aujour-
d'hui à un village suisse, autant par la forme des maisons que par leur propreté, leur blancheur. Le séjour en
est des plus agréables en été ; il suffit de jeter les yeux
sur les coteaux qui le dominent pour comprendre que,
nulle part, on ne peut trouver une végétation plus
belle et plus variée ; le pays est sain, la population ro-
buste et vigoureuse.

Sur le coteau qui domine le bourg, on distingue encore les fondations d'un château ayant appartenu aux
anciens seigneurs du pays, qui cédèrent leur propriété
aux Chartreux. Il ne reste de ces ruines qu'une petite
chapelle dédiée à la Vierge. Au-devant de cette chapelle
sont des arbres, vieux débris de l'avenue du château. A
certaines fêtes de l'année, les cérémonies du culte s'y
célèbrent encore. Comme l'intérieur ne peut contenir
qu'un petit nombre de personnes, la foule se tient sur
le plateau. C'est alors un spectacle saisissant pour le
voyageur, de voir de loin cette foule de fidèles écoutant
avec recueillement les paroles et les prières du prêtre,
ou suivant à genoux ses pieux exercices (1)!

De ce plateau, on domine toute la plaine de Saint-
Laurent-du-Pont.

Sur la rive droite du Guiers se présente en amphi-
théâtre le hameau des Provenches, des plus agréables
par sa verdure et ses prés parsemés de bosquets de sapins ; en montant jusqu'à la croix, au sommet de la col-
line, on découvre l'entrée du désert, ainsi que les prairies et les usines de Fourvoirie.

Au pied du coteau de Miribel, au midi, sont situés le

---

(1) La petite chapelle a été démolie en cette même année 1852, et
remplacée par une autre beaucoup plus vaste. Cette nouvelle construction est due à la générosité des Chartreux.

hameau de Villette, le château et le parc de M. de Barral.

Cette propriété appartenait aux Chartreux avant 1790; elle est passée plus tard à la famille de Barral.

Le général de ce nom s'était allié à une demoiselle de Beauharnais, cousine de l'impératrice Joséphine.

Il entra au service en 1763, en qualité de major dans le régiment de Noailles; en 1782 il suivit en Amérique Lafayette, comme aide maréchal général des logis.

En 1790, M. de Barral, rentré dans ses foyers, vola à la frontière pour la défense de la patrie; il fit, comme général de brigade, les premières guerres de la Révolution.

En 1805, appelé par l'empereur à la préfecture du Cher, il l'administra jusqu'en 1810, époque à laquelle son âge et des causes de santé l'obligèrent de solliciter sa retraite.

Survint 1814. Retiré à Voiron, il apprend que les Autrichiens occupent le département du Mont-Blanc, et menacent de pénétrer dans le département de l'Isère par le passage des Echelles. Oubliant aussitôt son âge, ses infirmités, la rigueur de l'hiver, le général se met à la tête des gardes nationales du pays et se rend au poste assigné. Sa conduite dans cette occasion mérita d'être mentionnée dans les ordres du jour des généraux de l'armée.

M. de Barral père est mort à Voiron le 15 août 1829, à l'âge de 86 ans; il était frère du marquis de Barral de Montferrat, premier président de la cour impériale de Grenoble, et du sénateur comte de Barral, archevêque de Tours sous l'empire.

Le propriétaire actuel de Villette est M. Octave de Barral, qui, lui aussi, a honorablement payé sa dette à son pays. Admis dans les pages de l'empereur, il mérita bientôt le don d'une épée, et cette épée, il ne la quitta que lorsque celui qui la lui avait confiée ne put plus utiliser ses services; il rentra alors dans ses foyers.

Les prairies de Villette, et les coteaux de Miribel qui les dominent, offrent aux promeneurs de frais et gracieux ombrages.

Mais un des sites les plus remarquables et peut-être le moins connu de toutes ces montagnes, est sans contredit la petite chartreuse de Currières, à une heure du bourg, sur la rive gauche du Guiers : les dames, qui ne peuvent pénétrer dans l'intérieur du couvent de la Grande-Chartreuse, pourront faire connaissance avec l'intérieur d'un cloître en visitant les bâtiments assez bien conservés de Currières.

Le chemin le plus praticable pour y arriver est le sentier qui traverse les prairies de Fourvoirie; on arrive bientôt au petit chalet de Curriérette, placé au milieu d'un vaste pâturage; on entre de nouveau dans les bois, et tout à coup l'on débouche dans une immense prairie bordée de sapins; vers le levant, s'élève un rocher à pic dont les corniches, depuis la base jusqu'au sommet, sont ornées d'arbres séculaires. Il est impossible de rendre la beauté et le grandiose de ce paysage!

Au milieu de la prairie sont les bâtiments du couvent; renfermés dans une enceinte, comme à la Grande-Chartreuse, on y entre par une avenue de tilleuls, vieux arbres ayant chacun de cinq à six mètres de tour.

Cette petite chartreuse, avant la révolution de 1790, servait d'hospice aux religieux malades.

En 1829, les chartreux se proposèrent de restaurer cette maison; mais le feu ayant détruit la chapelle et une portion des bâtiments, ils se sont bornés à y faire les réparations les plus indispensables; elle est aujourd'hui la résidence de deux gardes forestiers, et d'un frère chartreux chargé de la surveillance des bestiaux.

Il y existe encore deux cellules en bon état, au bout d'un corridor qui les desservait toutes ; ces deux cellules sont destinées aux officiers de l'ordre lorsqu'ils viennent à Currières pour les affaires du couvent.

Une demi-journée suffit pour cette course.

Il nous reste, pour en finir sur Saint-Laurent-du-Pont, à parler de la promenade aux grottes des Echelles et au défilé de Chailles.

Le bourg des Echelles (Savoie), à l'extrême frontière, sur la rive droite du Guiers-Vif qui le sépare d'Entre-deux-Guiers, est traversé par la route de Lyon à Turin par le Pont-de-Beauvoisin, Chambéry et le Mont-Cénis.

Les habitants du canton de Saint-Laurent-du-Pont, pour aller au Pont-de-Beauvoisin, empruntent la route de Savoie par le défilé de Chailles.

Des abîmes et de splendides horreurs, des rochers d'é-lévations et de formes extraordinaires, le torrent qui précipite ses ondes furieuses sur les mille accidents dont son lit étroit est semé, un silence solennel qui n'est troublé que par la voix éternelle du Guiers, voilà le spectacle qu'offre au voyageur la pittoresque entrée de Chailles.

Si l'on continue d'avancer entre la double muraille calcaire et monstrueuse qui, à droite, soutient les ja-chères de Miribel (France), et à gauche les terrains har-monieusement arrondis de Saint-Franc (Savoie), on découvre la grande route de Lyon qui coupe le précipice en deux parts, et, au fond, les eaux des deux Guiers réu-nis qui bouillonnent.

Les princes de Savoie ont fait faire des travaux consi-dérables pour rendre praticable ce passage, long de deux kilomètres. Napoléon y a fait ajouter, dans presque tout son parcours, un parapet en maçonnerie.

C'est dans ces solitudes, et spécialement dans la partie de France entre les gorges de Crossey et le défilé de Chailles, en traversant la forêt impériale du Rocharet, que les nombreux contrebandiers trouvent des asiles impénétrables. Ces contrées, pleines de bois, de rochers, de grottes, de cavernes plus ou moins profondes, ont quelque rapport avec les montagnes noires de la Sierra-Morena, entre la Nouvelle-Castille et l'Andalousie, montagnes qu'ont chantées l'Arioste et Michel Cervantès. Celles de Miribel ont servi pendant longtemps de repaire aux bandes du fameux Mandrin; et dans ces derniers temps, deux scélérats évadés des prisons de Grenoble ont pu s'y cacher plusieurs mois, échapper aux poursuites, aux recherches les plus actives, et semer la terreur dans les localités environnantes.

Les personnes avides d'émotions doivent visiter ces lieux inhospitaliers, en explorer les sites déserts et sauvages : elles y trouveront les sensations qu'elles recherchent. C'est peut-être aujourd'hui une bonne fortune que de rencontrer en France un pays où l'on parle encore de brigands, de voleurs, de contrebandiers.

L'invention des chemins de fer a coupé court à toutes les aventures romanesques amenées par les Fra Diavolo de grande route, et dont, en frissonnant, on se régalait autrefois : plus de postillons qui jurent, plus de bidets qui vous disloquent, plus tant d'aubergistes qui vous pillent; on n'a plus froid, on n'a plus chaud; au lieu de charger des pistolets pour en garnir ses fontes ou ses poches, on s'arme d'un parapluie pour se mettre en route. Le voyageur part de Paris à midi pour arriver à Tours à six heures : on peut ainsi faire la carte de son dîner à 60 ou 80 lieues de son déjeuner!

Mais, avec cette nouvelle locomotion, qu'est devenue la poésie des voyages? Plus de côtes difficiles à grimper,

plus de descentes rapides, plus de clochers, plus de vallons, plus de paysages! Dix lieues à l'heure! A peine si l'on
entrevoit les maisons, les châteaux, les moulins, les col-
lines, les fleuves! Tout cela fuit avec la rapidité de l'éclair.
Vous n'avez plus le temps de sourire aux frais minois
des paysannes; il n'y a plus de ces accidents inattendus
qui vous forçaient souvent à demander l'hospitalité à la
porte d'un château ou d'une chaumière; on n'a plus à
craindre maintenant que le volcan d'une chaudière à
vapeur, ou que les wagons du convoi qui vous em-
porte ne brûlent et ne chavirent dans un précipice avec
voyageurs et bagages.

Heureux celui qui, le bâton ferré à la main, peut
encore parcourir ces montagnes, respirer voluptueuse-
ment les brises du matin, et oublier dans une douce
rêverie les monotones prodiges enfantés par la civilisa-
tion!

Ces réflexions étaient faites à une table d'hôte de l'un
des hôtels de Saint-Laurent-du-Pont, par un étranger
dont tous les convives admiraient l'esprit et la gaieté.
Personne ne le connaissait. Arrivé seul, sans autres bagages qu'un sac sur le dos, rien ne le distinguait du vul-
gaire que l'urbanité de ses manières. Un gendarme lui
ayant demandé son passe-port, on put y lire le nom de
l'un de nos plus féconds romanciers.

La route de Lyon à Chambéry traverse le bourg des
Echelles du côté de Savoie ; elle se dirige vers la grotte
de ce nom.

Ce passage, cité comme une des merveilles du Dauphiné, a plusieurs fois varié, et a été placé, tantôt sur un
point de la montagne, tantôt sur un autre. Son nom lui
vient de ce que, à une époque reculée, marchandises et
voyageurs ne pouvaient franchir qu'avec des échelles la
montagne qui sert de première barrière entre la France

et la Savoie ; les mulets et les bêtes de somme suivaient avec peine et lenteur des sentiers sinueux plus ou moins difficiles.

Charles-Emmanuel II fit ouvrir une route sur un plan incliné de mille mètres de long, à travers des rochers qu'il fallut abattre ou creuser à une grande profondeur, mais toujours à ciel ouvert; à gauche de l'entrée de cet ouvrage, digne des Romains, une inscription indique l'auteur et la date de l'entreprise.

Ce monument, en blocs de pierres taillées, a 12 mètres de haut sur 8 à la base; il est orné de chaque côté de reliefs en forme de guirlandes. On y lit ce qui suit :

CAROLVS EMMANVEL II
SABAVDIÆ DVX, PEDEM. PRINCEPS, CYPRI REX,
PVBLICA FELICITATE PARTA, SINGVLORVM COMMODIS
INTENTVS, BREVIOREM SECVRIOREMQVE VIAM
REGIAM
A NATVRA OCCLVSAM, ROMANIS INTENTATAM, CÆTERIS
DESPERATAM,
DETECTIS SCOPVLORVM REPAGVLIS, ÆQVATA MONTIVM
INIQVITATE
QVÆ CERVICIBVS IMMINEBANT, PRÆCIPITIA PEDIBVS
SVBSTERNENS
ÆTERNIS POPVLORVM COMMERCIIS PATEFECIT
ANNO MDCLXX.

Au-dessus du rocher contre lequel est appuyé ce monument, se trouve l'ancienne grotte, que l'on traversait pour arriver au point où l'on appuyait les échelles qui servaient à escalader la montagne.

C'est dans cette grotte, au fond de laquelle s'est formé un petit lac, que Mingrat se cacha après la découverte de son crime et sa fuite de Saint-Quentin.

Arrêté par les carabiniers, il fut conduit, par ordre du

gouvernement sarde, dans la citadelle de Fenestrelle, en Piémont, où il est resté prisonnier jusqu'à sa mort.

· La route de Charles-Emmanuel, à cause de sa pente excessivement raide, était impraticable aux voitures ayant un attelage ordinaire ; il fallait plusieurs paires de bœufs pour les traîner jusqu'au sommet. A la montée comme à la descente, les voyageurs étaient contraints de mettre pied à terre. Chaque hiver, il y arrivait des accidents fâcheux.

Les habitants du pays se rappellent encore l'affluence des populations des villages voisins, qui, le 20 novembre 1804, se portèrent sur le passage de Pie VII, quand il se rendit de Rome à Paris pour y couronner celui dont un poëte fameux a dit :

Il fallait presque un dieu pour couronner un homme.

Le Saint-Père descendit de voiture à l'entrée du défilé et le parcourut à pied, entouré d'une foule immense ; plus de cinq mille personnes, hommes, femmes, enfants, vieillards, bordaient la route, agenouillés, recevant avec recueillement la bénédiction du chef de l'Eglise.

Le souverain Pontife avait quitté Rome avec des appréhensions et des craintes : il redoutait un voyage dans un pays où la religion avait eu à subir douze années de deuil et d'affreuses tourmentes ; il fut agréablement surpris, profondément ému, en voyant, dès ses premiers pas sur le sol français, tous les cœurs voler au-devant de lui, et lui prodiguer les témoignages les plus touchants de respect et de vénération.

Aussi, en arrivant à Paris, un grand personnage ayant demandé à Sa Sainteté comment elle avait trouvé la France, le pape répondit : « Béni soit le ciel ! nous l'a- » vons traversée au milieu d'un peuple à genoux. Que » nous étions loin de le croire en cet état ! »

Au mois de mai 1805, l'empereur Napoléon allait à Milan pour y recevoir la couronne de fer. Au passage des Echelles, frappé des difficultés, de la pente énorme du chemin tracé dans les rochers, et voulant abaisser les barrières qui séparaient la France de l'Italie, marquer les premiers temps de son règne par des monuments impérissables, il ordonna de percer la montagne.

Le projet de cet ouvrage, dressé par M. Montgenet (1), ingénieur en chef du département du Mont-Blanc, fut approuvé sur les lieux mêmes par l'empereur, et les travaux commencèrent la même année.

A la fin du mois d'août 1813, les mineurs étaient arrivés à l'extrémité de la galerie, et il ne restait plus qu'à démasquer l'ouverture du côté de la vallée du Guiers.

On voulut profiter du passage de la reine Hortense, qui revenait des eaux d'Aix, pour inaugurer la nouvelle route.

Voici ce que raconte un témoin de la fête à laquelle cette inauguration donna lieu :

« J'eus l'honneur d'accompagner Sa Majesté dans sa voiture. Arrivés au-dessus du chemin des Echelles, M. Finot (2), préfet du département du Mont-Blanc, se trouva là, ainsi que les ingénieurs qui dirigeaient les travaux; ils attendaient la reine à son passage. « Ma-
» dame, dit M. Finot, la nouvelle route des Echelles
» devait être ouverte le jour de la fête de l'Empereur,
» mais un accident imprévu ne l'a pas permis; ce re-
» tard n'est plus à regretter, puisque Votre Majesté est
» assez bonne pour assister à cette cérémonie et passer
» la première dans cette longue galerie, qui va enfin

(1) Nous devons une partie de ces renseignements à l'obligeance de M. Montgenet fils, ancien magistrat.

(2) M. Finot a été depuis préfet du département de l'Isère, et était à Grenoble lors de la révolution de 1830.

» être achevée : c'est devant vous que la mine va nous
» procurer la lumière. »

» On fit entrer la reine avec sa suite dans une immense grotte; on portait des flambeaux allumés; nous
marchâmes un temps infini sans trouver une issue.

» Nous nous arrêtâmes, et nous entendîmes une déto-
nation épouvantable; nous crûmes que la voûte s'écrou-
lait, des éclats de pierres tombèrent à peu de distance de
nous. A l'instant, les flambeaux furent éteints, et nous
aperçûmes le jour et la vallée qui se déployait devant
nous. Jamais spectacle ne fut plus beau et plus imposant. On nous expliqua que la route nouvelle commandée par l'Empereur devait passer sous cette grotte, parce
que l'ancienne route, faite sous le règne de Charles-
Emmanuel, quoique fort belle, était dangereuse à raison de son extrême rapidité. Au mois d'octobre suivant,
celle où nous étions devait être terminée.

» Pendant son séjour à Aix, la reine Hortense, cette
princesse au cœur noble et généreux, avait vu périr sous
ses yeux la baronne de Broc (1), celle de ses dames

---

(1) La cascade des moulins de Grésy, à 3 kilomètres d'Aix, est un
but d'excursion pour les personnes qui viennent dans cette ville passer
la saison des bains. Au milieu du torrent, et au-dessus d'un gouffre
profond formé par les eaux, on lit cette inscription :

ICI ,
MADAME LA BARONNE DE BROC,
AGÉE DE 25 ANS,
A PÉRI SOUS LES YEUX DE SON AMIE
LE 10 JUIN 1813.
O VOUS QUI VISITEZ CES LIEUX ,
N'AVANCEZ QU'AVEC PRÉCAUTION SUR CES ABIMES!
SONGEZ A CEUX QUI VOUS AIMENT.

Le 10 juin 1813, par une belle matinée, une société choisie entre-
prit la promenade aux moulins de Grésy. On arrive. Non content du
coup d'œil, on s'aventure sur les rochers ; la gaîté communicative qui
animait les promeneurs provoque peut-être aussi de l'imprudence.

d'honneur qu'elle affectionnait le plus. Mère tendre et craintive, il lui tardait de se rapprocher de ses enfants, qu'elle ne quittait presque jamais. Cependant elle eut des paroles bienveillantes à adresser à toutes les personnes qui purent l'approcher. La joie des populations accourues au-devant d'elle fit un instant diversion à sa tristesse et à ses anxiétés. »

A l'entrée de la grotte avait été tracée sur un immense châssis en toile l'inscription suivante :

NAPOLEO MAGNUS,

PRIMUS GALLORUM IMPERATOR,

PATRIÆ SALUS,

PUBLICA FELICITATE RESTITUTA,

FINIBUS IMPERII ALPES ULTRA PROLATIS,

VIAM HANC CXXXV ANTE ANNOS

MEMORANDO OPERE, MAGNO SUMPTU APERTAM,

ARDUAM, IMMINENTIBUS SCOPULIS PERICULOSAM,

COMMODIOREM TUTIOREMQUE

PER VISCERA MONTIS TRANSFODI JUSSIT.

ORDO ET POPULUS PROVINCIÆ

GRATI ANIMI

M. P. C.

ANNO MDCCCV. IMP. 1.

CHAMPAGNY, jnter. minister.
CRETET, op. pub. præses.
POITEVIN MAYSSEMI, pro. pret.
MONGENET, curator operum.

Tout à coup, aux éclats de la joie a succédé un cri général d'effroi suivi de stupeur. Madame de Broc venait d'être engloutie dans l'abîme. La pauvre femme, croyant étourdiment poser le bout de son ombrelle sur un roc, l'avait mis de côté, et, perdant l'équilibre, elle était tombée sans secours possible dans le torrent. C'est ainsi qu'elle périt *sous les yeux de son amie.* Or, quelle était cette amie? C'était la reine de Hollande, la gracieuse princesse Hortense, qui, en faisant établir sur les lieux mêmes une inscription commémorative de l'événement, a prouvé que l'amitié pouvait ne pas être exclue du cœur des rois.

Cette inscription devait être reproduite sur un monument à peu près semblable à celui de Charles-Emmanuel; mais quelques mois après, ces contrées, qui avaient été tant de fois traversées par nos phalanges victorieuses, frémissaient étonnées à l'aspect des cohortes étrangères: la France était envahie, la Savoie rendue à ses anciens maîtres! Le passage des Echelles ne fut livré au public qu'en 1820. Aujourd'hui, aucune inscription ne signale au voyageur le nom de celui qui, d'un coup d'œil, l'avait jugé possible. Mais qu'importe! les habitants du pays le répéteront d'âge en âge, ce nom; il n'a pas besoin d'être gravé sur le marbre ou le bronze pour grandir dans la postérité!

Le tunnel ouvert à côté de l'ancienne voie vient aboutir au-dessus du village de la Grotte, du côté du nord: il a 307 mètres de longueur; sa largeur est telle, que deux diligences peuvent y passer de front; il est éclairé, pendant la nuit, par plusieurs réverbères. Depuis la construction des immenses voûtes souterraines nécessitées par l'établissement des chemins de fer, la galerie des Echelles a perdu peut-être de son importance; mais elle aura toujours le mérite d'être le premier ouvrage de ce genre qui ait été tenté, et d'avoir été entreprise par l'un des plus vastes génies qui aient étonné le monde.

Il ne faut pas quitter ces lieux sans jeter un coup d'œil sur le village de la Grotte, environné d'arbres fruitiers, au milieu de vertes prairies traversées par de petits ruisseaux qui descendent de la montagne. Rien n'est gracieux comme son clocher au milieu du feuillage, ses ombrages touffus et ses eaux limpides comme du cristal.

De retour à Saint-Laurent-du-Pont, préparez-vous à monter à la Grande-Chartreuse; mais attendez au lendemain pour jouir des premiers rayons du soleil scintillant à travers les rameaux des arbres et pénétrant au fond des vallées pour en chasser les vapeurs, qui, en fuyant, laissent suspendues quelques instants, aux branches des sapins, des gouttelettes de rosée s'irisant des plus belles couleurs.

On sort de Saint-Laurent-du-Pont par un chemin emplacé sur la rive gauche du Guiers; à un kilomètre de distance, au-dessous d'une vaste prairie dépendant de l'hospice, est située la sécherie départementale, établissement destiné à recueillir des graines d'arbres résineux pour le repeuplement des bois communaux.

Cette petite sécherie consiste en une étuve, et en un moulin à séparer les graines des pellicules que la chaleur a fait ouvrir.

A quelques pas plus loin, se présente le tableau le plus pittoresque et le plus émouvant.

Sur la rive droite du Guiers, on aperçoit l'usine de Fourvoirie, appartenant actuellement à M. Perinel, maître de forges; sur la rive gauche, l'hospice des Chartreux; au fond, une scierie; puis les rochers se rapprochent presque à se toucher, et semblent refuser le passage. Le torrent impétueux se tord, courroucé, sur un lit hérissé de rochers; un pont d'une seule arche large et élevée, appuyée sur d'énormes culées naturelles, joint les bords opposés; à travers son arcade brunie par le temps, couverte de mousse et de divers arbrisseaux, au milieu du brouillard épais que cause le mouvement précipité des eaux, on distingue deux autres arcades qui servent d'aqueducs, sous lesquelles la rivière, resserrée par les montagnes, forme une espèce de cataracte d'une blancheur éblouissante; des conduits de bois portent ces eaux aux usines.

La construction bizarre de ces fabriques, les herbes,

les mousses qui croissent sur toutes les pierres, dans toutes les fentes; les nombreux arbrisseaux dont le branchage mobile, doré par le soleil, se joue sur la masse ombrée de ces plans divers; les arbres majestueux qui garnissent les premiers plans de ce grandiose tableau; les rochers moussus, superposés, qui lui servent de cadre; les immenses forêts qui le fleuronnent et lui servent de fond : tout se réunit pour en faire un des plus beaux tableaux que puisse présenter la nature.

Aussi ces paysages accidentés et remarquables ont-ils été reproduits par une multitude de peintres qui, chaque année, viennent, comme l'hirondelle, se fixer momentanément dans ces contrées; il n'est pas rare de les voir nombreux dans le seul vallon de Fourvoirie, chacun avec son pliant, sa boîte, et son parapluie classique.

Tout près des fabriques de Fourvoirie est l'entrée du désert, fermée par une porte adossée à un rocher dans lequel est taillé, en encorbellement, un passage assez étroit; à droite de la porte coule le torrent du Guiers-Mort, resserré dans cette partie entre deux montagnes élevées.

Depuis l'entrée du désert jusqu'à la Grande-Chartreuse, on ne trouve plus d'habitation. Tous ces ténements appartiennent à l'Etat: il n'eût pas été possible d'obtenir l'autorisation d'y construire des maisons, quand bien même la route n'eût pas été constamment dans un défilé fort restreint, par conséquent inhabitable.

Cependant, il y a deux ans encore, les voyageurs remarquaient près du pont Pérant une cabane de planches où deux jeunes filles offraient aux passants des boissons rafraîchissantes. Dans les journées d'été, où un soleil de plomb vient quelquefois accabler le touriste et où les orages surtout sont aussi fréquents que redoutables, cette cabane était un refuge précieux.

G. M.

PORTE DE L' ŒILLETTE.

L'administration forestière, ayant peu à s'inquiéter des convenances des personnes, a exigé la démolition de la petite buvette. Maintenant, si on est surpris par le mauvais temps, il faut se retirer sous un rocher, au risque d'y passer la nuit, ou se résoudre à continuer de marcher, en bravant la tempête et la pluie.

Jusqu'au pont Pérant, on suit la rive gauche du Guiers-Mort; tout à coup le chemin se dirige sur la rive opposée; on traverse ce pont, d'une seule arche, jeté hardiment sur deux rochers; là on est à égale distance du bourg de Saint-Laurent et de la Grande-Chartreuse, mais alors la scène change et prend un autre caractère. Au lieu d'un chemin légèrement incliné et assez bien entretenu par des gardes cantonniers, on ne trouve plus qu'une montée raide, pénible, décharnée par les pluies, tracée sur le roc intraitable, et le plus souvent exposée aux rayons ardents du soleil.

Après avoir gravi ce chemin pendant quelque temps, se présente un rocher de la forme d'un obélisque, ayant quelque rapport avec le Mont-Aiguille dans le Trièves, et inaccessible de tous côtés; quelques sapins se sont emparés de sa cime, d'autres croissent au-dessous. Ce rocher se nomme le pic de l'OEillette; à côté est une porte défendue par un mur crénelé, et un petit réduit en ruines, connu sous le nom de Fort de l'OEillette.

Ce site a fourni le sujet d'un des tableaux de la galerie du Luxembourg; seulement le peintre a eu l'idée de restaurer la masure, dont il a fait une chapelle, pour avoir l'occasion sans doute d'y placer quelques religieux pour servir d'échelle au tableau.

On raconte que deux Anglais montant à la Grande-Chartreuse, l'un d'eux, contemplant la hauteur du pic de l'OEillette, fit le pari qu'il y monterait, bien qu'il eût été considéré jusqu'alors comme inaccessible; ce pari fut accepté par son compagnon. Après beaucoup d'efforts et de tentatives, l'auteur du pari arriva, en effet, jusqu'au sommet; mais lorsqu'il fallut descendre, le cœur lui manqua; on dut aller à Fourvoirie chercher des hommes, des cordes, et des crochets que l'on planta dans les fentes du rocher.

Grâces à ces précautions, on parvint à ramener l'imprudent insulaire au pied du pic; mais là il s'éleva une question qui n'était pas sans difficulté : le pari avait-il été gagné ou perdu?

L'Anglais avait parié qu'il monterait sur le rocher; il y était effectivement monté.

L'autre soutenait que l'action de monter impliquait celle de descendre; que dès lors on ne pouvait scinder la condition du pari.

Il fut convenu que le différend serait soumis, à Saint-Laurent-du-Pont, à un jury composé de quatre personnes choisies parmi les voyageurs logés dans l'hôtel où les deux Anglais devaient s'arrêter.

Le jury entendit les deux adversaires; mais il y eut partage d'opinions.

Un avoué de Paris, appelé à donner son avis, trancha la question par une fin de non-recevoir, en disant que la loi française ne donnait pas d'action en pareil cas.

La question, comme on le voit, est demeurée indécise; nous la soumettons à nos lecteurs : en passant au-dessous du pic de l'Œillette, ils pourront la discuter et la résoudre.

Après avoir franchi la porte de l'Œillette, on arrive en peu d'instants au *Pas de l'Ane*, rocher à pic formant un précipice dont les bords sont défendus, de loin en loin, par des pierres placées en forme de parapets; sur l'un des points où il n'existe pas de pierres droites, on aperçoit une ouverture béante dont on peut à peine distinguer le fond, occupé par le lit du Guiers ; c'est là le *Pas de l'Ane*, ainsi nommé parce qu'à une époque un muletier de Provence, se rendant à la Grande-Chartreuse avec ses mulets chargés, l'un de ces mulets fit un faux pas et disparut dans l'abîme ; l'habitant des rives de la Durance, voyant rouler sa bête, se prit à dire sans s'émouvoir : *Y faudrait plus d'un miou pour boucher ce trou ;* de là le nom du Trou ou du Pas de l'Ane.

On parvient bientôt à la station de la Croix-Verte, où l'on voit une grande croix de bois, peinte en vert ; la route, en cet endroit, abandonne les bords du Guiers et tourne subitement à gauche ; on entre dans une partie de la forêt, qui est une dépendance de l'enclos du couvent, et où ont été conservés les plus beaux sapins de ces contrées ; plusieurs ont plus d'un mètre de tour sur quarante de hauteur.

En sortant de cette forêt, on distingue, à une portée de fusil, les bâtiments du monastère.

Au mois d'août 1851, le cardinal de Bonald, archevêque de Lyon, montait au couvent. Le révérend père général des Chartreux, prévenu de son arrivée, se porta à sa rencontre ; l'entrevue eut lieu à la Croix-Verte. Le général des Chartreux se jeta aux pieds du prince de l'Eglise, qui le releva et le reçut dans ses bras ; ils se mirent en marche et traversèrent la forêt. Apercevant les bâtiments de la Grande-Chartreuse groupés sur une pente rapide, surmontés de plusieurs clochers, au milieu d'une vaste prairie entourée de bois et de rochers, le cardinal de Bonald s'arrêta saisi d'admiration et d'un pieux recueillement ; se tournant vers le général des Chartreux, il lui dit : « Mon révérend père, quand on a
» vécu dans nos cités, mêlé au tourbillon du monde,
» obligé de participer aux actions des hommes, d'assis-
» ter souvent aux luttes soulevées par leurs passions,

» d'y prendre part peut-être, c'est ici qu'il faudrait
» venir mourir. »

III.

Route du Frou, par la Ruchère et par Saint-Pierre-d'Entremont.

Nous avons décrit la route tracée le long du torrent
du Guiers-Mort, dont les eaux, depuis des siècles, ont
creusé le défilé étroit qui s'ouvre derrière le bourg de
Saint-Laurent-du-Pont.

Le torrent du Guiers-Vif, descendant de Saint-Pierre-
d'Entremont, offre également sur ses rives un chemin
fréquenté par les habitants de cette partie des montagnes; le chemin conduit à la Grande-Chartreuse par
trois vallées différentes : la *Ruchère*, les *Eparres* et le
Cucheron.

Ce ne sont plus seulement des bois, des forêts, des
pâturages, que l'on a à traverser; ce sont des sentiers
montueux et difficiles, des précipices effrayants, des
terrains dévastés par les ravines et les avalanches, qu'il
faut s'attendre à rencontrer.

A la sortie du village d'Entre-deux-Guiers, en venant
de la Savoie, ou du bourg de Saint-Laurent pour les
voyageurs qui arrivent de Grenoble, on se dirige vers
le hameau de Berlan, dépendant de la commune de
Saint-Christophe. Là, on commence à gravir un rocher
escarpé appelé le Petit-Frou, pour atteindre, peu d'instants après, le passage du Frou, l'un des plus extraordinaires qui existent dans ces localités.

C'est un sentier de soixante-six centimètres de largeur, tracé à une hauteur prodigieuse, sur la corniche
d'un rocher à pic, entièrement taillé dans le roc, d'une

pente rapide ; il a fallu, afin d'en faciliter l'accès aux mulets, pratiquer des degrés pour assurer leurs pas. Dans tout le parcours, on s'appuie à gauche contre la montagne ; à droite, on plonge dans le vide, sur un précipice de 300 mètres de profondeur.

Bien souvent ce passage est interrompu par les neiges et les glaces ; alors toute communication avec la plaine est impossible.

Depuis vingt ans, les habitants de Saint-Pierre-d'Entremont sollicitaient de l'administration l'ouverture d'un chemin plus accessible et moins dangereux. En 1850, M. Chapuys de Montlaville, préfet de l'Isère, visita ces contrées ; ce magistrat, qui a marqué son court séjour dans ce département par des améliorations et des travaux utiles, écouta la supplique de ces pauvres montagnards : sur sa demande, le gouvernement et le conseil général ayant accordé de forts subsides, une nouvelle route fut commencée ; bientôt on pourra en toute saison descendre avec des voitures dans la vallée de Saint-Laurent-du-Pont.

Une inscription gravée sur le rocher, en face du pont du Buis, indiquera l'époque de l'ouverture des travaux et les noms des personnes aux soins et aux efforts desquelles est due cette importante voie de communication, remarquable, d'ailleurs, par la hardiesse et les difficultés de l'entreprise.

Le devis des ouvrages dépasse 80,000 fr.

Avant de s'engager dans le sentier du Frou, il faut mettre pied à terre et confier les mulets aux conducteurs ; les muletiers, les voyageurs, les animaux, qui suivent à la file les sinuosités du rocher, offrent l'image d'une caravane.

Au sommet du Frou, deux chemins se présentent : celui à gauche conduit à Saint-Pierre-d'Entremont, celui à droite se dirige vers la Ruchère.

La Ruchère est un petit hameau au milieu des bois, dont l'église, couverte en chaume, se distingue peu des habitations. Il n'y a de remarquable dans ce village que le jardin du curé; jusqu'aux premières neiges, il est rempli de fleurs, qui font un charmant contraste avec l'aridité et la stérilité des lieux qui l'environnent.

Les habitants de la Ruchère, entourés par les forêts de l'Etat, dont l'entrée leur est interdite, sont pauvres.

Les hommes valides se livrent à quelques travaux; la plupart de ces familles ne subsistent que des secours et des aumônes des Chartreux.

La vallée de la Ruchère, couverte de sapins et de pâturages, aboutit à la chapelle de saint Bruno, près du monastère.

Par Saint-Pierre-d'Entremont, le chemin est beaucoup plus long, mais le pays présente des aspects et des sites d'un autre genre.

Du haut du Frou, on descend rapidement jusqu'au hameau des Planets; on suit les bords du Guiers sur la rive gauche; bientôt, arrêtés par des rochers inaccessibles, il faut, ou faire un long détour dans les bois pour arriver à Saint-Pierre-d'Entremont, ou passer sur la rive droite en empruntant le territoire sarde. Ce pont, qui joint les deux routes, porte le nom de pont du Buis.

De ce point il n'y a plus que deux kilomètres jusqu'à Saint-Pierre–d'Entremont. Ce village est à l'extrême frontière sur le Guiers-Vif: à gauche est la partie française, à droite la partie savoisienne; les deux populations, bien qu'appartenant à deux Etats différents, n'ont formé jusqu'à présent qu'une seule paroisse. Les habitants d'Entremont (Savoie) viennent de faire bâtir une église qui bientôt aura son curé.

Le nom d'Entremont s'explique par la position du village au fond d'une vallée formée par des montagnes assez élevées.

Il existe dans ce pays une auberge où les voyageurs s'arrêtent habituellement et sont assez bien servis. Au surplus, quelques heures suffisent pour visiter les sources du Guiers et les ruines du château d'Entremont.

Au midi du village, et en remontant le cours du Guiers-Vif, on trouve les sources de ce torrent, qui sort d'excavations profondes, et qui est alimenté par un lac au fond de deux grottes semblables à celles de la Balme; les guides se munissent de bottes de paille, en guise de torches, pour pénétrer dans ces grottes obscures, garnies de stalactites et de stalagmites du plus merveilleux effet.

Les flancs de la montagne renferment plusieurs voies souterraines dont on ignore l'étendue et les circuits divers; après avoir parcouru cinq ou six cents mètres au milieu de colonnes et de figures fantastiques qui paraissent s'animer à la lumière des torches, la crainte de s'égarer dans ce labyrinthe oblige les plus intrépides à s'arrêter, et à regagner l'entrée de ces asiles mystérieux du silence et des ténèbres.

De Saint-Pierre-d'Entremont, deux chemins conduisent à la Grande-Chartreuse; le plus praticable est celui qui passe par la vallée des Meuniers et le Cucheron, col assez élevé qui sépare le territoire de Saint-Pierre-d'Entremont de celui de Saint-Pierre-de-Chartreuse. Il faut trois heures pour faire le trajet.

Le chemin par le château d'Entremont et la vallée des Eparres est plus court et plus accidenté.

Le château est au nord du village, sur un mamelon escarpé, à l'entrée de la vallée des Eparres.

Au-dessous des remparts se trouve un hameau composé de dix maisons.

L'ancien édifice est en ruines; à côté, et dans l'enceinte, ont été construits par les Chartreux de vastes bâtiments ; on n'y arrive que d'un seul côté ; tous les autres ne présentent que d'horribles précipices formés par des rochers à pic. De la terrasse, la vue s'étend au loin.

Au midi, on découvre les montagnes qui dominent la vallée du Graisivaudan ; sur ces montagnes, sont les vastes prairies de l'*Alpestre*, et, au milieu, les limites de France et de Savoie ; au bas de ces prairies, coulent les sources du Guiers-Vif.

Au levant, s'étale majestueusement un pic isolé appelé la roche *Véran*, à la base duquel est le joli village de Corbeil (Savoie).

Derrière ce pic se dessine le village d'Epernay, près du col par lequel on descend à Chapareillan.

Au nord et à perte de vue, on distingue les plaines de Bièvre, de la Côte-Saint-André, de la Verpillière et de Lyon ; par un temps serein, on peut suivre le cours du Rhône, et découvrir les coteaux de Fourvières et de Sainte-Foix.

Du même côté et au pied du château, se précipite, dans une gorge profonde, le torrent du Guiers-Vif, dont les eaux écumantes s'aperçoivent de distance en distance au milieu des rochers et des bois qui couvrent ses deux rives.

Enfin, au couchant est la vallée des Eparres, dont l'entrée est défendue par le mont Renard, rocher faisant partie de la chaîne du Grand-Som.

Avant de quitter le château, nous devons dire ce qu'il fut dans les temps reculés, quels furent ses anciens possesseurs.

A en juger par les ruines, ce château et ses dépendances étaient d'une vaste étendue. On distingue encore à l'entrée les restes du donjon, les remparts qui formaient l'enceinte, la chaussée qui en était l'avenue.

Avant 1789, le château d'Entremont appartenait aux

Chartreux; ils l'avaient acquis des anciens seigneurs.

Le moyen âge, avec ses idées religieuses et guerriè-res, n'éleva que des églises et des châteaux forts: l'église, souvenir de la foi chrétienne, était l'asile de la prière, où le vassal ne craignait pas le suzerain; le châ-teau fort, éloquent souvenir de la peur qu'inspirait à tout seigneur le seigneur voisin, était la demeure où se renfermait un oppresseur ou un guerrier ambitieux.

Au milieu du XIIe siècle, il se passa dans ces con-trées un événement dont la tradition a résisté à l'action des temps, et que quelques vieillards racontent encore dans les longues veillées d'hiver.

Près du village d'Epernay et en face du château d'En-tremont, sur un mamelon qui se détache des autres co-teaux d'alentour, s'élevait le château d'Epernay.

Les deux castels, dont les tourelles semblaient se défier, étaient habités par des maîtres, d'habitudes et de caractères entièrement opposés.

Le seigneur d'Entremont était un chevalier cruel et inhumain ; son esprit violent, vindicatif et rusé se faisait redouter de toutes parts; chasseur infatigable, ses nombreuses meutes remplissaient de leurs hurle-ments les gorges du Guiers, et la tourbe affamée portait la désolation dans les récoltes du pauvre laboureur; il réalisait, en un mot, l'idéal des mœurs féodales vues dans leurs mauvais jours.

Le sire d'Epernay était, au contraire, généreux et bon pour ses vassaux; aussi les deux voisins étaient-ils con-stamment en guerre, et journellement les gens d'Eper-nay avaient à déplorer de nouvelles vexations de la part de ceux d'Entremont.

Le seigneur d'Epernay avait une fille remarquable par sa beauté; tous les seigneurs du Graisivaudan et du comté de Savoie avaient soupiré pour la belle Hermesende ; sa gracieuse et noble figure se plaçait toujours devant celle de la vierge Marie, dans la prière que tout pieux pèlerin ou tout chevalier des environs adressait à la reine des cieux.

Rentrant un jour dans son nid d'aigle à la tête de quelques hommes d'armes, le seigneur d'Entremont rencontra la jeune fille, qui venait de faire ses dévotions au monastère de saint Bruno. Surpris de sa beauté, de sa noble tournure, il résolut de la demander à son père ; mais un refus formel fut la seule réponse de ce dernier. Irrité de ce refus, le seigneur d'Entremont voulut arriver à ses fins par la violence.

Peu de jours après, au milieu d'une nuit sombre, l'on entendit le bruit d'une affreuse mêlée dans l'intérieur du château d'Epernay : une troupe armée y avait été introduite par un gardien infidèle. En vain de longs aboiements avaient retenti sous le toit hospitalier, les gardes du château ne se réveillèrent que pour voir le fer suspendu sur leurs têtes ; sans armes et sans défense, ils durent succomber ; des cris d'angoisse et de longs gémissements remplirent la vallée ; mais les vents étaient déchaînés ce soir-là, et ces bruits sinistres parurent des jeux de la tempête.

Le lendemain, de magnifiques funérailles sortirent de la cour du château et s'acheminèrent vers la chapelle : on portait à sa dernière demeure le corps ensanglanté du sire d'Epernay.

Sa malheureuse fille, prisonnière dans le donjon du château d'Entremont, livrée à sa douleur, n'eut pas même la consolation de rendre les derniers devoirs aux restes d'un père adoré.

Cependant un Dieu vengeur veillait sur la pieuse orpheline ; la plainte du prieur des Chartreux parvient aux hauts barons du Dauphiné ; un héraut d'armes s'avance

vers les remparts du château, réclame la châtelaine
d'Epernay au nom de l'évêque de Grenoble, et de Bérenger, baron de Sassenage, sous peine d'excommuni-
cation et d'être ajourné devant la cour de justice comme
chevalier félon.

Le seigneur d'Entremont n'osa pas braver les foudres
de l'Eglise : la belle Hermesende fut remise à l'envoyé ;
mais dès cet instant un voile sombre se répandit sur la
vie de son odieux ravisseur, son humeur parut farou-
che, les bruits les plus étranges s'accréditèrent sur son
compte ; peu de temps après, on apprit son départ pour
la Terre-Sainte, à la suite du noble comte de Savoie
Amé III.

Inconsolable, abreuvée d'amertumes, la châtelaine
d'Epernay se voua pour jamais à la retraite ; mais elle
ne voulut pas quitter les lieux où reposaient les cendres
de son père.

Depuis le fatal événement qui avait jeté la conster-
nation dans la contrée, Epernay n'était plus visité par
les étrangers. Hermesende, pour laquelle s'était ouverte
une existence sans bonheur, était tourmentée d'un noir
chagrin ; sa vie s'épuisait en larmes ardentes, un monde
invisible de fantômes semblait s'agiter autour d'elle,
surtout vers l'heure de minuit.

Bien des années s'étaient passées depuis la nuit san-
glante du château, et toujours la même tristesse au cœur
d'Hermesende, bien qu'autour d'elle tout semblât avoir
repris le calme et la sécurité ; cependant, il était une
nuit dans l'année dont quelques serviteurs conservaient
la mémoire ; mais ils gardaient ce souvenir dans le silence de leurs cœurs.

Cette nuit était venue, et avec elle le cortége de ses
terreurs secrètes pour les habitants du château. Au dehors, les vents glacés de l'hiver s'étaient déchaînés dans

la vallée; retirée dans son oratoire, Hermesende était agenouillée sur son prie-dieu. Tout à coup, le tintement de la cloche se fit entendre à la porte du manoir; les serviteurs, effrayés d'une visite à pareille heure, n'osaient se diriger vers l'entrée; Hermesende, la main glacée, armée d'un flambeau, descendit elle-même pour recevoir son hôte si tard venu; le pont abaissé, un pèlerin, courbé sous le poids des infirmités et des souffrances, était à genoux sur le gazon humide, et, prononçant le nom d'Entremont, implorait pardon et oubli.

— C'est lui!!! — s'écria Hermesende, qui faillit sur ses jambes.

Les serviteurs, empressés autour de leur maîtresse, essuyèrent sur son front la sueur de l'agonie; elle se souleva un instant, et, tendant la main au pèlerin : « La pauvre orpheline te pardonne, lui dit-elle; songe à Dieu maintenant, » et son âme s'envola au séjour des anges.

Le château d'Entremont et celui d'Epernay restèrent longtemps fermés; les habitants du pays voyaient quelquefois sur le seuil de la chapelle d'Epernay un religieux de l'ordre de saint Bruno, prosterné et priant; un soir, il avait été aperçu sur la pierre du caveau renfermant les restes des maîtres d'Epernay; des frères du monastère, inquiets de son absence, vinrent au matin et le trouvèrent étendu sur la dalle; rappelé avec peine à la vie, il fut ramené mourant au couvent. On ne le revit plus à la chapelle.....

Le château d'Entremont, vers le dixième siècle, avait été occupé par les Sarrasins, qui, à cette époque, ravagèrent le Graisivaudan et s'étaient emparés de Grenoble.

Isarn, évêque de cette ville, dont le pouvoir était resté seul debout au milieu des ruines, fit un appel à plusieurs familles étrangères pour chasser les infidèles;

c'est ainsi que furent amenés dans le Graisivaudan les Bérenger, les Lombard, les Eynard, les Alleman, et beaucoup d'autres qui, nouveaux feudataires, vinrent mettre leur épée au service de la puissance ecclésiastique, qui partagea entre les chevaliers venus des pays voisins un territoire à moitié désert.

Chargés de protéger le Graisivaudan, ils remplirent consciencieusement leur noble mission, et fondèrent leur puissance, ainsi que leurs titres, sur la reconnaissance du pays qui les avait adoptés.

Une surprise les rendit maîtres du château d'Entremont. Ses défenseurs avaient envoyé des bêtes de somme dans la vallée de l'Isère, pour en rapporter les provisions nécessaires dans un pays où croissaient seulement des sapins et des hêtres. Les conducteurs, attardés, avaient dépassé le village d'Entremont, lorsqu'ils sont entourés tout à coup par une troupe armée qui s'empare du convoi, après avoir occis ceux qui le gardaient. La nuit était déjà avancée ; chaque homme d'armes s'empare d'un mulet, et on se présente ainsi au château, dont les portes leur sont ouvertes par les premiers gardes. Les Barbares furent passés au fil de l'épée.

Au bas de la rampe qui conduit au château et au-dessous de la dernière maison du hameau, est un pré qui a conservé le nom de *Champ des Sarrasins*. Souvent la charrue ou la bêche y découvre des ossements et des débris d'armures, qui attestent que c'est là que furent déposés les restes des infidèles qui trouvèrent la mort dans cette attaque nocturne.

Les religieux de la Grande-Chartreuse eurent souvent à se plaindre de leurs voisins, les maîtres du château.

L'historien du Dauphiné Chorier rapporte qu'en

1533, Sébastien de Montbel, seigneur d'Entremont, se permit des violences graves envers les domestiques des Chartreux, à l'occasion de la montagne de Bovinant, sur laquelle il prétendait avoir des droits; il alla jusqu'à les menacer de brûler leur couvent; redoutant l'effet de ces menaces, les religieux portèrent leur plainte au parlement, qui mit les Chartreux sous la protection du roi et les autorisa à placer ses armes à l'entrée de leurs maisons; ils échappèrent par ce moyen à toutes vexations.

Les fortifications du château d'Entremont ont été détruites sous le règne de Louis XIII, ensuite d'un édit de ce prince, qui, pour mettre obstacle au retour des guerres de religion qui avaient dévasté la France, et plus particulièrement le Dauphiné, ordonna la démolition de tous les châteaux forts situés dans l'intérieur du royaume et sur les passages peu importants des frontières.

Plus tard, les Chartreux devinrent propriétaires des domaines de la seigneurie d'Entremont, placée au milieu de leurs possessions et sans cesse l'objet de luttes et de querelles.

Aujourd'hui, les pâturages qui entourent le château appartiennent à l'hospice de Grenoble, à qui l'Etat les a concédés en remplacement de ses biens, vendus révolutionnairement en 1791.

La vallée des Eparres est beaucoup plus élevée que l'enclos de la Grande-Chartreuse; les deux chaînes de rochers qui la forment sont très-rapprochées, de sorte que les blocs qui se sont détachés des sommets ont roulé dans le fond du vallon, et c'est au milieu de ces fragments plus ou moins volumineux que l'on est obligé de cheminer; de là le nom de la vallée des *Eparres*. Sur ces pierres, sur ces rochers délités d'une manière assez régulière en blocs carrés, croissent des sapins qui y sont fixés comme sur un socle ; bien souvent l'arbre , grandissant et devenant trop pesant, se renverse avec la pierre qui le soutenait.

Aux mois de juillet et d'août, toute cette vallée est couverte de *rhododendrums* (laurier-rose des Alpes), dont les fleurs rouges se détachent sur un fond vert ; on y rencontre encore le *lis martagon*, l'*anémone*, la *renoncule des Alpes*, et un grand nombre d'autres plantes que la chaleur de nos étés ne permet pas de cultiver dans nos jardins.

Après une heure de marche, on arrive à la bergerie de Bovinant, occupée pendant l'été par des moutons venus de Provence sous la conduite des pâtres de la Camargue ; autour de ces immenses troupeaux veillent, sentinelles vigilantes, d'énormes chiens qui ne craignent pas d'attaquer les loups, et se défendent même contre les ours.

C'est là que l'on prend, en tournant à gauche, les deux couloirs qui conduisent au *Grand-Som*.

On descend de Bovinant jusqu'au couvent en laissant à droite la vallée de la Ruchère et les chapelles de Saint-Bruno et de Notre-Dame *de Casalibus*, dont nous aurons à parler plus tard.

IV.

Chemins de la Grande-Chartreuse par Proveysieux ou par Sarcenas.

Un chemin peu fréquenté, et certainement l'un des plus remarquables par la variété des sites, est celui de Proveysieux ; c'est là que sont les plus grands massifs de forêts, les pâturages les plus considérables.

A une heure de Saint-Egrève, commune à six kilo-

mètres de Grenoble, on parvient au village de Proveysieux, et successivement on atteint le hameau de Pomaré, où sont les dernières habitations que l'on rencontre jusqu'à la Grande-Chartreuse.

On traverse ensuite les belles prairies de la Charmette,
au sommet desquelles est une croix de pierre qui sert
de point de séparation entre le canton de Grenoble
nord et celui de Saint-Laurent-du-Pont; on descend à
Tenaison, vastes pâturages au milieu de forêts d'une
immense étendue.

Près du chalet de Tenaison, on prend un petit sentier très-montueux qui conduit au col de la Cochette.

Ce passage, placé dans une fente de rocher, est d'un
accès difficile; les gardes forestiers qui le fréquentent
habituellement y rencontrent souvent des troupeaux de
chamois.

Du col de la Cochette, on descend dans les prés de
Malamille, puis dans ceux de Valombrey, où les Chartreux entretiennent de nombreux troupeaux; au pied
de Valombrey, on traverse le Guiers-Mort, et on remonte
jusqu'à la Courrerie pour arriver au couvent.

Il faut six heures pour faire ce trajet; chaque année,
des familles, auxquelles se réunissent des étrangers,
prennent cette route et consacrent à ce voyage une journée. A notre avis, rien n'est comparable à l'aspect de ces
montagnes, dont les noms de *Charmette*, de *Charmanson*,
de *Valombrey*, indiquent à eux seuls les beautés et la
luxuriante végétation.

Le 5 septembre 1851, nous fîmes cette course au
nombre de douze personnes; parmi nous, se trouvaient
une dame de Paris et ses deux jeunes fils. Partis de
Saint-Egrève à six heures du matin avec des vivres et
de bons guides, nous n'arrivâmes à la Chartreuse qu'à
la nuit tombante; il est difficile d'exprimer l'enthou-

siasme et l'admiration dont nous fûmes saisis à chaque pas que nous faisions dans ces lieux déserts et sauvages, mais où tout est magnifique et grandiose. Cette heureuse journée vivra dans vos souvenirs, Ernest et Georges Lacoste, Albert et Edouard de Rochas ! Lorsque vous serez hommes, vous viendrez revoir les contrées où nous avons été témoins de vos premières émotions.

On peut encore, de Saint-Egrève, accéder à la Grande-Chartreuse par le village de Sarcenas, en côtoyant le torrent de Vence; sur le plateau, on rejoint le chemin de Portes, venant du Sappey.

Nous tenons d'un ami l'anecdote suivante :

« Je me dirigeais, au mois d'août 1850, avec quelques personnes, par le chemin de Saint-Egrève à Sarcenas, vers le pic de Chame-Chaude, dont nous devions faire l'ascension. Après avoir dépassé le village de Quaix, nous remarquâmes derrière nous deux voyageurs qui marchaient très-vite; ils nous atteignirent bientôt : l'un était jeune encore, d'une figure intéressante, mais ses traits amaigris dénotaient un homme en proie depuis longtemps aux souffrances physiques et aux fatigues de la vie; l'autre, d'un âge plus avancé, d'un abord imposant et sévère, paraissait exercer sur le premier une autorité quelconque, comme serait celle d'un père, d'un précepteur. La mise de tous deux, sans être recherchée, était décente et convenable. Le plus âgé nous adressa la parole et nous demanda des renseignements sur les localités que nous parcourions, sur la Grande-Chartreuse, qu'ils allaient visiter. De questions en questions, la conversation finit par devenir assez suivie : elle porta d'abord sur les beautés du paysage, sur la variété des sites, sur les points de vue qui se développaient au fur et à mesure que nous avancions; bientôt notre attention fut excitée par le langage expressif et élégant de notre interlocuteur, par ses idées profondes et élevées ; il nous expliqua en peu de mots la théorie de la terre, la formation des terrains, les causes des accidents divers de nos montagnes ; ses descriptions brillantes, ses réflexions judicieuses, ses observations pleines de justesse et d'à-propos, nous donnèrent à tous la conviction que nous avions devant nous un homme versé dans les hautes sciences, qui devait faire encore de l'étude son occupation presque constante.

» Son compagnon l'avait écouté comme nous avec autant de plaisir que d'intérêt. Jusque-là, il s'était tenu lui-même dans une complète réserve, lorsque tout à coup, désireux sans doute de conquérir aussi notre approbation et nos suffrages, il nous dit :

« — Je suis *Hien-Foum*, fils de l'empereur de la Chine ;
» je voyage en France accompagné de *Ouen-Ti*, mon
» grand mandarin. »

» Ce jeune homme allait entrer dans une suite d'étranges divagations, lorsque celui qu'il désignait comme son grand mandarin nous confirma ce dont nous nous étions aperçus déjà. « — Ne l'écoutez pas, nous
» dit-il, le malheureux est fou. »

» Nous aurions pu peut-être connaître les causes de la funeste maladie dont était frappé cet infortuné, mais nous arrivions au lieu où nous devions nous séparer ; les deux voyageurs prirent le chemin du couvent, nous nous dirigeâmes nous-mêmes vers le pic gigantesque et isolé que nous n'avions pas cessé de voir devant nous.

» Parvenus sur le sommet de ce rocher, presque aussi élevé que le *Grand-Som*, nous découvrîmes à peu de distance les vallées de l'Isère et du Drac ; au-dessus d'elles, les montagnes de Sassenage, de l'Oisans, puis la longue chaîne de glaciers qui couronnent les coteaux boisés et verdoyants d'Eybens, de Domêne, d'Uriage, de Froges,

de Tencin ; à nos pieds, le mont Saint-Eynard et le Cas-
que-de-Néron.

» En descendant, nous nous acheminâmes vers le
monastère, où nous arrivâmes à la chute du jour.

» Dans la prairie au-devant du portail du couvent,
nous retrouvâmes le fils de l'empereur de la Chine et son
grand mandarin, mais ils n'étaient plus seuls : ils étaient
environnés d'une suite nombreuse, à la tête de laquelle
nous reconnûmes le docteur Evrat, directeur de l'asile
des aliénés de Saint-Robert ; à l'exception des deux sur-
veillants et du directeur, toute la troupe se composait
de pensionnaires de la maison, notre savant lui-même
en faisait partie. Parvenu par ses études et son savoir à
occuper une position honorable, son cerveau s'était
affaissé à la suite d'efforts aussi ambitieux qu'impuis-
sants ; cherchant à surprendre les secrets de la nature
et les voyant constamment fuir insaisissables devant lui,
son intelligence était arrivée, de confusion en confusion,
à se troubler ; bientôt sa raison s'était entièrement éga-
rée. Conduit à l'asile de St-Robert et contraint de vivre
au milieu des autres aliénés, il était parvenu à se faire
écouter par eux avec attention et déférence ; malheureusement, ses dissertations à perte de vue sur les sciences
n'étaient que le fruit d'une imagination maladive et dés-
ordonnée : c'était là sa folie. Nous apprîmes avec satisfaction que ses idées, mieux suivies, commençaient à
s'enchaîner et à perdre ce caractère étrange et bizarre
propre à l'aliénation mentale ; on ne doute pas qu'un
jour il ne puisse être rendu à la liberté, à sa famille, et
reprendre même ses fonctions ; quant à l'héritier du Cé-
leste-Empire, on le considère comme incurable.

» Persuadé que les distractions, les promenades, l'aspect d'un beau soleil, la contemplation des merveilles de
la nature, sont des moyens puissants de guérison pour

cette cruelle maladie, le docteur Evrat, digne émule des Esquirol, des Ferrus, conduit chaque année, pendant la belle saison, les infortunés confiés à ses soins, par bandes de vingt à vingt-cinq, jusqu'à la Grande-Chartreuse. C'est ainsi que nous avions rencontré deux d'entre eux, qui, à l'insu des gardiens, s'étaient momentanément écartés de leurs compagnons ; du reste, dans le cours de ces pérégrinations, le directeur n'a jamais eu ni méfaits ni actes d'insubordination à réprimer ; il semble, au contraire, que l'air pur que respirent ces malheureux les rend subitement à la raison, ou tout au moins les rappelle à des sentiments plus naturels.

» Rentrés dans l'intérieur du couvent, M. Evrat voulut bien nous donner des explications sur la maison dont il est l'habile directeur, sur le régime hygiénique médical qui y est suivi, sur le concours intelligent et zélé de treize religieuses chargées des divers services de l'établissement ; il nous entretint surtout du projet de reconstruction des bâtiments, des plans proposés pour l'agrandissement du périmètre de la propriété, de tous les efforts qu'il avait dû faire pour amener à bien cette entreprise, création importante et devenue indispensable. »

Nous ajouterons à ces détails, que nous connaissions déjà en partie, qu'au commencement de cette année 1852, les projets de reconstruction et d'agrandissement vivement sollicités par M. Evrat, ont été définitivement approuvés ; une adjudication de près de six cent mille francs a été passée, et les travaux sont en cours d'exécution. Bientôt l'asile des aliénés de Saint-Robert comptera au nombre des premiers établissements de ce genre. On sait qu'il est situé au-dessous de la route de Grenoble à Lyon, près du village de Saint-Robert.

V.

Chemin de la Chartreuse par le couvent de Chalais.

L'ancien couvent de Chalais, au-dessus de Voreppe, était, en 1108, une abbaye de Bénédictins. Abandonné par les religieux de cet ordre, Guillaume Royer, évêque de Grenoble, en répara les ruines et en fit don aux Chartreux. Jusqu'à la révolution de 1790, le couvent a été une dépendance ou une rectorerie de la Grande-Chartreuse. A cette époque, il fut vendu comme bien national. Le 5 avril 1844, il fut acheté par le révérend père Lacordaire, qui y a fondé une maison de l'ordre des Dominicains.

A Voreppe, on suit le chemin établi sur la rive gauche du torrent, et, en moins d'une heure, on est rendu au couvent, situé entre deux montagnes, mais d'où on peut avoir encore une échappée de vue sur la vallée de Voreppe et sur quelques jolis villages riverains de l'Isère.

Dès les premières années de l'établissement, les Dominicains étaient au nombre de douze; ce nombre a diminué depuis lors; il n'y réside maintenant que quelques religieux (1). Le père Lacordaire vient sou-

(1) Plusieurs extraits de cet ouvrage ayant été insérés dans le *Courrier de l'Isère*, le passage relatif aux Dominicains de Chalais a fait l'objet d'une réclamation de la part de M. Durandlaîné, ancien maire de Voreppe, aujourd'hui conseiller de préfecture à Grenoble. Nous nous faisons un devoir de transcrire ici la lettre adressée au rédacteur du journal; en lisant cette lettre, et en se reportant à l'époque où a été composé notre article sur Chalais, on verra que l'on ne peut avoir à nous reprocher ni erreur ni inexactitude.

« Monsieur le Rédacteur,

» Les articles de M. Auguste Bourne sur le monastère de la Grande-Chartreuse sont lus avec trop d'intérêt et sont trop bien sentis et trop

vent y faire des visites et s'y reposer de ses nobles travaux.

L'intérieur de la maison a une physionomie toute différente de l'intérieur du monastère de la Grande-Chartreuse : ce ne sont plus de longs-corridors froids et hu-

bien exprimés par leur auteur, pour que nous laissions passer sans rectification ce qu'il dit de la règle et du nombre des religieux de Chalais, commune de Voreppe.

» Il est bien vrai que cet ancien couvent des Bénédictins fut donné aux Chartreux, qui le conservèrent jusqu'en 1790. Il est bien vrai que le révérend père Lacordaire en est devenu propriétaire en 1844, et qu'il lui donna pour premiers habitants douze Pères Dominicains. Mais il n'est pas exact de dire : *ce nombre a diminué depuis lors ; il n'y réside maintenant que quelques religieux.* Le couvent de Chalais compte aujourd'hui dix-sept frères prêcheurs, savoir : un prieur, un procureur, trois professeurs, douze élèves. Ce nombre va toujours croissant ; quatre ou cinq nouveaux frères sont attendus au mois de septembre prochain.

» Voilà, sans doute, ce qui a donné lieu à l'erreur de M. Bourne. En 1850, une association de catholiques de la Côte-d'Or et Mgr l'évêque de Dijon firent don aux frères prêcheurs de l'ancienne abbaye de Flavigny. Peu de temps après, Mgr l'archevêque Sibour leur donna le couvent des Carmes, rue de Vaugirard, à Paris. Par respect pour les donateurs, pour la prospérité de l'ordre, par docilité aux vues de la Providence qui, depuis 1844, se manifestait en faveur des enfants de saint Dominique, il fallut peupler ces deux nouvelles maisons, et ce fut aux dépens des communautés de Nancy et de Chalais. Il ne resta dans cette dernière résidence qu'un seul Père Dominicain, un néophyte laïque et deux domestiques. Mais, en 1851, le nombre des frères Prêcheurs s'étant accru, la maison de Flavigny fut réservée aux novices ; celle de Chalais redevint la maison d'études, et, à la grande joie de la population de Voreppe, dix jeunes frères, qui avaient achevé leur noviciat, y furent envoyés avec leurs professeurs. Quant à la règle, elle est aussi sévère que celle des Chartreux pour le régime intérieur, pour les offices de nuit et de jour, pour la nourriture, les jeûnes, les abstinences, etc. ; elle est plus sévère pour le coucher, car le lit des Dominicains ne se compose que de deux tréteaux, une planche de sapin et une couverture de laine.

» Comme M. Bourne le fait très-bien observer, le silence n'est pas imposé aux Dominicains pendant les récréations. Mais ce n'est pas seulement *pour se tenir au courant des mouvements de la société moderne, afin de s'y mêler par leurs prédications ;* c'est parce qu'un silence absolu serait incompatible avec leur ministère, avec le but que les frères Prêcheurs se proposent par leurs études. Il serait, en effet, bien singu-

mides comme ceux du grand cloître; la règle des Dominicains est moins sévère que celle des Chartreux: la
conversation ne leur est pas interdite aux heures de récréation; les religieux de saint Dominique doivent se
tenir au courant des mouvements de la société moderne,
afin de s'y mêler par leurs prédications. Le monastère
n'est plus pour ces religieux un sépulcre anticipé, mais
une retraite temporaire où de saints apôtres viennent se
fortifier dans la prière et dans le recueillement, pour
aller ensuite annoncer au monde la parole évangélique.

Au couchant des bâtiments du couvent s'élève le pic

lier que des religieux destinés à prêcher la parole de Dieu fussent as-
treints à ne pas faire usage de leur langue pendant deux ans de noviciat
et cinq ans d'études !

» Le couvent de Chalais est un collége où d'habiles professeurs ensei-
gnent à des jeunes gens l'histoire, la philosophie, la logique, la rhéto-
rique et la théologie. Leurs récréations sont des promenades utilisées
par des conférences sur les plus hautes questions de la physique et de la
philosophie. Nous les voyons souvent de Voreppe, à genoux ou assis au
pied de la croix qu'ils ont plantée à la pointe extrême du bec de Chalais.
Là, entre Dieu et les hommes, ils traitent de la puissance du créateur
et des fins dernières de la créature; *ils exposent les doctrines* des philosophes anciens et modernes, les discutent et les pulvérisent par quelques lignes de saint Thomas-d'Aquin, leur illustre docteur, qui a une réponse brève et péremptoire à toutes les erreurs.

» Les sermons des révérends pères Lacordaire, Jeandel, Souaillard,
Hue et Roussot ont appris aux chrétiens de Grenoble ce que l'on pouvait
attendre des leçons des professeurs dominicains. Il est vrai qu'ils sèment
sur un terrain bien préparé, car tous leurs élèves ont suivi les cours des
facultés de droit, de médecine, des lettres, des sciences ; quelques-uns
ont passé à l'école polytechnique ou à celle de Saint-Cyr. L'un d'eux,
après avoir été reçu bachelier ès lettres, voulut entrer dans l'ordre des
frères prêcheurs. Son père lui refusa son consentement et exigea qu'il se
préparât à l'école polytechnique. Reçu dans cette école, il en sortit avec
le grade de lieutenant du génie militaire. — Je vous ai obéi, dit-il à son
père ; mais je préfère la carrière ecclésiastique à la carrière des armes ;
laissez-moi aller où Dieu m'appelle.—Si tu ne veux pas être soldat, lui
fut-il répondu, deviens avocat. Et le jeune homme suivit les cours de la
faculté de droit. Quand il eut obtenu le brevet de licencié, il revint à son
père. —Je vous ai encore obéi, lui dit-il, je suis avocat ; mais j'ai peu de

de Chalais. Il a été pris pour un des points de raccorde-
ment de la carte de France. L'ancien propriétaire y avait
fait construire un petit oratoire, qui a été détruit par
la foudre il y a quelques années; il a été remplacé par
une croix de bois fort élevée.

De ce pic, on domine toute la vallée du Drac et de
l'Isère, depuis les coteaux de Rochefort et de Vif jusqu'à
Tullins. En face sont les villages de Sassenage, de Noyarey et de Veurey; au-dessous, ceux du Fontanil, de
Voreppe et de Moirans; au levant et au midi, des coteaux,
des montagnes, des glaciers; au nord et au couchant,
les dernières chaînes des Alpes, qui vont en s'abaissant
jusqu'au Rhône.

De Chalais, on peut aller directement à la Grande-
Chartreuse, en traversant les montagnes; un sentier
conduit aux pâquerages de Tenaison, au-dessous de la
Charmette, en laissant à droite le Pas de la Miséricorde,
l'un des plus dangereux passages de ces contrées.

Mais le chemin le plus facile, le moins âpre et le
moins pénible, est celui qui descend au village de Pom-

goût pour le barreau; permettez que je marche sur les traces du père
Lacordaire. Le père ne poussa pas plus loin sa résistance. Le fils est depuis un an à Chalais!

» Mais aussi quels hommes, quels prédicateurs, quels ministres du
Seigneur sortent de ce couvent béni! ils recommencent leurs études
selon Dieu, alors qu'ils les ont terminées selon le monde.

» Ah! si quelque chose doit surprendre dans l'établissement de Chalais,
c'est qu'il y ait encore à Grenoble des gens instruits, de bons citoyens,
de bons chrétiens qui ne le connaissent pas. Beaucoup y viennent pour
faire une course dans les montagnes, pour voir des bois, des rochers, des
torrents, des précipices, un panorama admirable; mais peu s'y rendent
pour adorer Dieu dans une atmosphère embaumée par la science et la
vertu, pour se purifier des souillures du monde au contact et à la parole de ces jeunes hommes d'élite, enflammés de l'amour divin, et qui
ont tout quitté, non pour faire seulement leur salut, mais pour enseigner
à leurs semblables les voies du vrai bonheur et de l'éternité.

» DURANDLAINÉ. »

mier, où l'on reprend la route de Saint-Laurent-du-Pont.

Plusieurs sentiers conduisent encore à la Grande-Chartreuse de la vallée du Graisivaudan en amont de Grenoble; ces sentiers sont au-dessus de Saint–Ismier et de Saint-Bernard; mais ils ne sont pratiqués que par les habitants du pays, qui y descendent avec des mulets pour faire leurs provisions de vin.

Ces chemins aboutissent dans la vallée du Cucheron et celle des Meuniers, dont les bois ont été ravagés par les habitants et sont loin d'offrir les ombrages et la fraîcheur de ceux de l'Enclos, conservés avec soin depuis longtemps par l'administration forestière.

C'est dans cette vallée, qui est dominée par les rochers du Grand-Som, que sont les repaires des ours que l'on rencontre dans ces montagnes; ils y sont attirés par les avoines qu'y récoltent les habitants.

Des troupes nombreuses de chamois parcourent aussi les crêtes des rochers, et pendant l'hiver ils descendent quelquefois jusqu'au pont Pérant, sur la droite de Saint-Laurent-du-Pont.

Autrefois, des cerfs, des biches, et même des sangliers, se montraient fréquemment dans les grands bois; mais les gardes nombreux qui parcourent les forêts et les exploitations des coupes adjugées par l'Etat les ont fait fuir, et on n'en rencontre plus dans ces parages.

Avant 1790, les Chartreux avaient une biche apprivoisée qui, chaque soir, se retirait ou dans l'intérieur du couvent ou dans l'une de leurs bergeries; on avait soin de lui ouvrir le matin la porte d'entrée, et elle fuyait dans les bois. On oublia un jour de la laisser sortir : elle franchit le mur d'enceinte et se tua.

Les habitants de Saint-Laurent-du-Pont l'ont vue souvent dans les rues du bourg, quêtant un morceau de sucre et allant prendre gîte à Villette.

Il nous reste maintenant à parler du couvent, des religieux, et des dépendances du monastère.

VI.

LE MONASTÈRE.

NOTICE HISTORIQUE.

Le monastère de la Grande-Chartreuse a été fondé en 1084, par saint Bruno.

Né à Cologne, d'une famille vertueuse et opulente, vers l'année 1035, Bruno fit ses premières études dans la collégiale de Saint-Cunibert; il partit ensuite pour la France et se rendit à Reims, dont l'école était alors célèbre.

De retour à Cologne, après avoir terminé d'une manière distinguée le cours de ses études, Bruno entra dans les ordres sacrés; ses premiers pas dans l'exercice de la prédication furent marqués par des succès brillants, et par les fruits abondants qui en furent le résultat.

Gervais, alors archevêque de Reims, qui avait remarqué le zèle et les qualités du jeune Bruno, l'appela auprès de lui et lui confia le direction des écoles de la ville et du diocèse, et le titre de chanoine théologal.

Reims avait perdu son digne prélat. Manassez II venait d'usurper ce grand siége à l'aide de moyens réprouvés par l'Eglise; il fut cité devant le concile d'Autun en septembre 1077 par le légat du Saint-Siége, Hugues de Die. Bruno s'y rendit avec le prévôt et un autre chanoine de Reims; ils y soutinrent l'accusation avec éner-

Guide du voyageur à la Grande Chartreuse.

Pl. 4.

Lith de C. Pagnon Grenoble.

gie et courage, et obtinrent la condamnation de Manassez , qui fut suspendu de ses fonctions.

Le zèle de Bruno lui ayant attiré des persécutions, il
prit la résolution de quitter le monde et de se vouer à la
vie monastique.

Cependant Manassez avait été déposé et expulsé de
Reims ; Bruno et les autres dignitaires ecclésiastiques
qui avaient été obligés de se soustraire à d'iniques
vexations, reparaissent dans leur église ; mais le calme
rendu à ce diocèse ne change rien aux pieux desseins
de Bruno. On lui offre le siége de Reims, rien ne peut
le retenir ; il part et se rend à Paris. Ce fut dans cette
ville qu'il s'occupa des moyens d'accomplir le plus cher
de ses vœux et de mettre à exécution ses projets de retraite.

Quelques auteurs qui ont parlé de saint Bruno ont
attribué sa détermination définitive à un événement
miraculeux qui se serait passé sous ses yeux.

Cette légende a été repoussée par des critiques ; nous
la rapportons néanmoins, parce qu'elle a été immortali-
sée par les toiles de Le Sueur, dont nous aurons à parler
en faisant connaître l'intérieur du couvent.

Suivant cette légende, Bruno avait connu, à Paris,
l'un des docteurs les plus distingués de l'Université de
cette ville, nommé Raimond Diocrès. Ce docteur vivait
entouré de la considération publique et d'une grande
réputation de piété ; il mourut en 1082 ; ses funérailles
se célébrèrent dans l'église métropolitaine de Notre-
Dame, en présence d'un grand concours de personnes.
Bruno était au nombre des assistants.

On récitait l'office des morts autour du cercueil. Au
moment où l'on prononçait ces paroles, qui commencent la première leçon du deuxième nocturne : *Responde mihi quantas habeo iniquitates et peccata !* le docteur

se ranima subitement et, se levant sur son séant, il dit : *Je suis accusé par le juste jugement de Dieu!* Trois fois on voulut recommencer à chanter la leçon de Job, trois fois le cadavre releva la tête hors du cercueil en répétant les mêmes paroles : *Je suis accusé par le juste jugement de Dieu!*

Consterné de cet effrayant prodige, Bruno n'hésite plus à se retirer loin des hommes et du monde.

En quittant Paris, en 1082, il se rendit avec quelques-uns de ses amis, généreux imitateurs de son renoncement aux vanités humaines, à Molesmes, petite ville près de Châtillon-sur-Seine, où était un monastère fondé depuis peu sous la règle de saint Benoît ; ils s'y exercèrent pendant quelques mois à la pratique des exercices de la vie monastique.

Bientôt après, Bruno s'achemina vers le Dauphiné, suivi de ses compagnons : Laudouin, natif de Toscane, qui lui succéda dans le gouvernement de la maison mère ; Etienne, de Bourg, et Etienne, de Die, tous deux chanoines de Saint-Ruf, à Valence ; Hugues, dit le Chapelain ; André et Guérin, laïques.

Avant leur départ, Bruno eut avec eux un dernier entretien ; il passa ensuite toute la nuit en prières. Vers le matin, il s'endormit, et, d'après une légende qui a été encore illustrée par le pinceau poétique de Le Sueur, trois anges lui apparurent en songe pour lui annoncer que ses travaux seraient bénis de Dieu. Bruno s'éveille, va faire part à ses compagnons de cette vision prophétique, et tous se hâtent de se mettre en route pour accomplir leur glorieux dessein.

Saint Hugues, évêque de Grenoble, avait autrefois suivi les leçons de Bruno, à Reims ; les pieux voyageurs se présentent devant le digne évêque, et se prosternent à ses pieds en le priant de leur accorder dans les montagnes de son diocèse un endroit totalement séparé du commerce des hommes, où ils pussent servir Dieu sans obstacle.

A la vue de Bruno et de ses compagnons, Hugues se rappelle avec admiration que la nuit précédente il avait aperçu sept étoiles qui s'avançaient vers le désert au-dessus de Grenoble nommé Chartreuse; pensant alors que ces étrangers sont les envoyés de la Providence, il se sent disposé favorablement pour eux, et il accueille leur demande.

Toutefois, avant de les conduire dans le désert qu'il leur assignait pour demeure, il crut devoir leur faire le tableau de cette solitude, telle qu'elle était à cette époque :

« Vous ne trouverez, leur dit-il, qu'un séjour af-
» freux, un repaire de bêtes sauvages, des rochers très-
» élevés, des forêts immenses, un froid très-vif et fort
» long; aucun fruit, aucune production : telle est la
» terre où je vais vous conduire. Le bruit des torrents,
» le silence des bois, tout annonce la mort, tout est
» effrayant dans ces lieux. Pensez-y bien : il ne faut
» rien moins qu'une vertu plus qu'humaine pour n'être
» pas tentés de revenir sur vos pas. »

Ce sombre tableau ne détourna pas les pèlerins de leur résolution héroïque. Ce fut en 1084, vers la fête de la saint Jean-Baptiste, que les nouveaux solitaires arrivèrent dans le désert où, près de huit siècles après, on voit leurs successeurs, religieux du même ordre, avec les mêmes règles de vie, les mêmes habitudes, la même foi, la même ardeur, le même amour de Dieu; dispersés quelquefois, se retrouvant toujours sous la bannière immortelle et triomphante du Christ.

Ils s'établirent dans une petite gorge, à une demi-heure environ de distance du monastère actuel, au pied des vallées de la Ruchère et des Eparres ; leur premier soin fut de se construire un oratoire et d'élever tout à l'entour de petites cabanes de bois, peu éloignées les unes des autres : celle de Bruno, ainsi que l'oratoire, fut placée sur le rocher où est aujourd'hui la chapelle qui porte son nom.

L'évêque de Grenoble voulut fonder cet établissement sur des bases solides : il fit et fit faire aux Chartreux donation des forêts et montagnes au milieu desquelles ils avaient fait leur séjour ; il revint ensuite au désert pour y consacrer une église construite à ses frais sous la direction de Bruno ; il la dédia à la Vierge et à saint Jean-Baptiste. Cette église occupait l'emplacement où se trouve aujourd'hui la chapelle de Notre-Dame *de Casalibus.*

Plus tard, le pieux évêque remplaça les cabanes de bois et de branchages par des cellules plus solides et plus commodes ; enfin, il finit par faire construire aux Chartreux un monastère régulier.

Bientôt le nombre des religieux s'augmenta ; on vit accourir des personnes de tous les rangs de la société, qui furent reçues et formèrent l'ordre illustre et florissant qui s'étendit ensuite dans toutes les contrées de l'Europe.

Bruno était dans cette retraite depuis six ans, lorsque le pape Urbain II, qui avait été son disciple à Reims et qui connaissait son mérite et son savoir, l'appela auprès de lui. Il dut obéir, et se rendit à Rome, où le pape l'accueillit avec des marques d'estime et d'affection, et lui fit donner un logement dans son palais.

Cette vie de tumulte et d'agitation ne pouvait convenir au solitaire ; après avoir refusé l'archevêché de Reggio, il voulut mettre une nouvelle barrière entre le monde et lui, et il se retira à la Tour, diocèse de

Squillace, dans la Calabre, où il fonda une seconde maison sous la même règle que celle des Chartreux.

Roger, comte de Calabre et de Sicile, avait pris Bruno sous sa protection; il lui avait fait don de vastes domaines.

Ce prince était le plus illustre et le plus puissant de ces nobles aventuriers qui, avec les fils de Tancrède et 500 hommes d'armes, avaient conquis la Sicile; son fils, sous le nom de Roger II, sacré roi de Sicile, devint le premier monarque de ce royaume, qui subsiste encore.

Des rapports de plus en plus intimes se formèrent entre le comte Roger et Bruno; ce seigneur redoubla de bienveillance et de soins pour le vénérable religieux, parce qu'il avait la conviction qu'il lui avait sauvé la vie en lui dévoilant une conspiration.

Ce fait, rapporté dans une charte authentique, a été le sujet d'un tableau de Le Sueur, sous le n° 20.

Roger assiégeait Capoue à la tête de son armée; une nuit, il avait confié la garde du camp à un Grec appelé *Sergius*, capitaine de 200 hommes d'armes de sa nation; ce misérable s'était vendu au prince de Capoue moyennant une somme d'argent, et lui avait promis de le faire pénétrer dans le camp et de lui livrer le comte. L'heure de la trahison approchait, quand Roger, endormi depuis quelque temps, eut une vision : Bruno lui apparut tout à coup et lui révéla le complot. Les coupables, arrêtés, allaient payer de leur vie leur crime abominable; mais Bruno sollicita leur grâce, et ils furent condamnés seulement à l'esclavage.

Quelque temps après, le 6 octobre 1101, Bruno, âgé de 68 ans, mourut entouré de ses religieux de la Calabre; on lui éleva une tombe dans la petite église de Ste-Marie-des-Bois, dépendante du couvent.

Ce ne fut qu'en 1514 que le pape Léon X admit saint

Bruno aux honneurs de la canonisation, et, en 1623, Grégoire XV étendit son culte à toute l'Eglise, et fixa sa fête au jour même de sa mort.

Il y avait quarante-neuf ans que les premiers disciples de saint Bruno habitaient les lieux que leur fondateur leur avait choisis et que saint Hugues, évêque de Grenoble, avait embellis de toutes les constructions propres à leur genre de vie, lorsque, le 11 janvier 1133, le cloître fut renversé par une avalanche; six religieux et un novice périrent sous les ruines.

Le prieur, Guigues, se contenta de conserver l'église et vint s'établir dans l'endroit où s'élève aujourd'hui le monastère.

Ce nouveau monastère fut d'abord en bois, comme le premier, à l'exception de l'église, qui forme aujourd'hui la salle du chapitre.

Saint Anthelme, septième général de l'ordre, puis évêque de Belley dans le douzième siècle, fit jeter le fondement du grand cloître; mais il ne fut achevé que dans le quinzième siècle, par les libéralités de Marguerite, duchesse de Bourgogne.

Le monastère a été incendié huit fois, entre autres l'an 1562, par les calvinistes.

Voici ce que raconte à ce sujet l'historien Chorier :
« C'était un bruit général qu'il y avait de grandes ri-
» chesses dans le couvent de la Chartreuse, résidence
» du supérieur de cet ordre. Dans la nuit du 4 juin,
» Farmeyet, Coct et Lyon, capitaines du baron des
» Adrets, partirent, avec leurs meilleurs soldats, de
» Grenoble, pour l'aller saccager et brûler; ils mar-
» chèrent toute la nuit. Le prieur général, ayant eu avis
» des desseins des huguenots, avait mis en sûreté tout
» ce qu'il y avait de plus précieux en divers endroits de

» son couvent ; il avait surtout appliqué ses soins à la
» conservation d'un reliquaire où était une partie du
» crâne de saint Bruno : ce reliquaire était d'argent,
» semé de riches pierreries. Les religieux s'étaient sé-
» parés; il n'y était resté que deux pères âgés et infir-
» mes. Les huguenots étant arrivés à la pointe du jour
» aux portes du couvent, le pillèrent, le saccagèrent et
» y mirent le feu. »

Il fut incendié encore en 1676, sous le généralat de dom le Masson, qui le fit reconstruire tel qu'on le voit aujourd'hui.

L'ordre des Chartreux était alors à l'apogée de sa grandeur et de son illustration ; le général supérieur de toutes les chartreuses comptait sous sa direction 260 maisons répandues dans toute l'Europe ; leurs biens étaient considérables, leurs possessions immenses ; mais, fidèles aux règles de leur institution, ils faisaient le plus noble usage de leur fortune et de leurs revenus.

A l'époque des premiers orages de la révolution de 1789, les Chartreux, qui avaient toujours eu soin de s'éloigner de la foule des habitants des villes, et qui s'étaient préservés, par un judicieux isolement, des abus que l'on avait pu reprocher à d'autres ordres monasti-ques, avaient conservé l'espoir d'échapper à la proscrip-tion générale ; ils croyaient que la Providence, qui, pendant huit siècles, les avait soutenus et protégés, entendrait leurs supplications et leurs prières.

Libres de déserter la maison, de rentrer dans la vie civile, tous les enfants de saint Bruno préférèrent les liens qui les unissaient à leur couvent : ils voulurent mourir aux lieux qui avaient été témoins de leurs ser-ments, et rester fidèles à Dieu, qui avait reçu leurs vœux.

Mais tout devait céder au torrent, qui entraînait dans

sa fureur les autels et les trônes. Au mois d'octobre 1792, les habitants du désert furent réduits à la douloureuse nécessité d'abandonner leur monastère; ils subirent le sort commun à toutes les corporations religieuses: bientôt après, dispersés, proscrits, emprisonnés, déportés ou mis à mort, ils essuyèrent tous les genres d'infortune et de persécution.

Plusieurs d'entre eux trouvèrent d'abord un refuge dans les maisons existantes hors de France; mais ils en furent de nouveau arrachés par la tempête révolutionnaire, qui s'était répandue sur une grande partie de l'Europe.

Une seule maison de l'ordre des Chartreux, celle de la Part-Dieu, en Suisse, échappa à la destruction générale.

Après le départ des Chartreux, les forêts et toutes leurs propriétés de France tombèrent au pouvoir de l'Etat ; un gérant fut placé dans les bâtiments du monastère de la Grande-Chartreuse pour la conservation du mobilier, dont la plus grande partie fut successivement transportée à Grenoble, notamment les archives, que l'on déposa à la préfecture de l'Isère ; la bibliothèque fut réunie à celle de la ville, et l'autel, ainsi que les stalles du chœur, furent placés dans l'église cathédrale.

Le révérend père dom Nicolas Geoffroy était alors supérieur général des Chartreux; il s'était retiré à Bologne, puis à Rome, où il mourut en 1801. Après sa mort, trois vicaires généraux gérèrent successivement les intérêts de l'ordre.

En 1815, dom Romuald Moissonnier, vicaire général, crut l'occasion favorable pour solliciter du gouvernement la faculté de rétablir le monastère de la Grande-Chartreuse. Ses demandes eurent un résultat favorable,

et, le 27 avril 1816, les anciens solitaires furent auto-
risés à rentrer dans ces édifices, dont les voûtes étaient
demeurées désertes et silencieuses depuis un quart de
siècle, et qui n'avaient plus retenti de ces chants so-
lennels qui, seuls, à toutes les heures du jour et de la
nuit, révélaient aux visiteurs l'existence des religieux,
paisibles habitants du couvent.

Le vénérable dom Moissonnier, au comble de ses
vœux, ne songea plus qu'aux préparatifs du départ;
n'écoutant ni son grand âge ni son état d'infirmité, il
quitta le monastère de la Part-Dieu, le 25 juin, et arriva
le 4 juillet à Grenoble.

Le 8 du même mois, ce respectable vieillard se mit en
route pour la Grande-Chartreuse.

Toutes les populations des environs apprirent avec
joie et bonheur la rentrée des Chartreux aux lieux où
fut le berceau de leur Ordre. Ceux qui, trente ans au-
paravant, avaient été témoins de la splendeur, de la bien-
faisance et des vertus de ses membres, ceux qui ne les
connaissaient que par les regrets et le vide immense
qu'ils avaient laissé dans la contrée, ou bien par les
récits du foyer de la chaumière, vieillards, femmes,
enfants, tous voulurent voir les hommes apostoliques
que la Providence ramenait dans nos montagnes.

M. Bouchard, vicaire général du diocèse de Grenoble, chargé de représenter l'évêque de cette ville à
l'installation des Chartreux, a laissé une relation du
voyage du R. P. dom Moissonnier, de son arrivée au
monastère, et des cérémonies qui eurent lieu pour cette
installation; en voici quelques extraits :

« Le R. P. dom Moissonnier arriva à Saint-Laurent-
du-Pont le 8 juillet 1816; il fut reçu par la population
entière de cette vallée, harangué par le vicaire général,
conduit à l'église, et, après diverses prières, le cortége

s'avança processionnellement, chantant des hymnes et des cantiques, vers Fourvoirie, où se trouvaient rassemblées un grand nombre de personnes; là il se fit une distribution d'aumônes, et une partie en fut remise au curé de Saint-Laurent.

» Après environ trois heures de repos, on se mit en route pour la Grande-Chartreuse; plusieurs ecclésiastiques et d'autres personnes recommandables précédaient le R. P. Général et passèrent avec lui la première porte qui ouvre le désert.

» Au fort de l'OEillette, on aperçut dans le lointain une croix, des pénitents, et une réunion considérable qui attendaient sur le chemin : c'étaient les habitants des trois communes formant la paroisse de Saint-Pierre-de-Chartreuse, qui, au nombre d'environ 800, étaient descendus de leurs villages, ayant à leur tête leurs curés et leurs maires, venus pour présenter au R. P. leurs respectueuses félicitations.

» Ces fonctionnaires étaient suivis d'un détachement d'employés des douanes sous les armes; dès qu'ils aperçurent le R. P. Général, une décharge de mousqueterie se fit entendre.

» Tous ces nouveaux venus se joignirent à la procession, et l'on se remit en marche.

» Au-dessus de la Croix-Verte, apparurent tout à coup trois Chartreux en habit régulier, une croix de bois à la main. A leur recueillement, on les aurait pris pour trois compagnons de saint Bruno; ils s'avancent vers le R. P. Général, se prosternent humblement à ses pieds, et lui demandent sa bénédiction; il la donne, avec une dignité mêlée de joie, à ces nouveaux compagnons de sa chère solitude, et il continue de s'avancer vers le monastère, où il arrive enfin. Il est conduit immédiatement dans l'ancien appartement des généraux de l'Ordre, au chant du *Benedictus Dominus Deus Israel.*

» Il était six heures du soir ; le lendemain, on chanta
une messe d'actions de grâces dans la chapelle des
Morts, la seule où l'on pût célébrer les saints mystères
avec une certaine décence. »

Le monastère était alors dans un état déplorable de
dévastation et de dénûment ; partout se présentait à
l'œil scrutateur le spectacle le plus douloureux ; des
vitraux brisés, des portes enfoncées et sans serrures, des
cellules dégradées, des cloisons renversées, l'église et les
chapelles dépouillées, la bibliothèque enlevée ; sur les
murs, des mains impies et sacriléges avaient tracé des
dessins grotesques ou des inscriptions qui annonçaient
la dépravation du cœur ; aucune cloche, aucune horloge
ne se faisaient entendre.

Que de désordres à réparer, que de souillures à faire
disparaître !

L'attention des religieux se porta d'abord sur la partie
des bâtiments destinés au culte ; ils remédièrent ensuite
peu à peu aux besoins les plus urgents de leur existence
monastique. Le couvent a été insensiblement rétabli dans
l'état où nous le voyons aujourd'hui.

Le R. P. Moissonnier avait enfin revu le désert
sanctifié par saint Bruno : tous ses désirs étaient remplis. Il avait trouvé, malgré son grand âge, la force et
le courage nécessaires pour cette prise de possession,
acte solennel de réparation ; il n'avait plus qu'à mourir.
Le 19 juillet 1816, onze jours après son arrivée, dom
Moissonnier rendit le dernier soupir ; il s'éteignit sans
agonie et sans souffrance.

Cependant, la réparation ne put être complète : les
Chartreux ne sont pas même propriétaires du couvent
et de ses dépendances : ils payent une redevance à l'Etat,
comme possesseurs à titre précaire, pour les bâtiments,
deux ou trois scieries, et quelques pâturages.

Leurs revenus, aujourd'hui, sont modiques : ils se composent des produits des bestiaux qu'ils élèvent, les bénéfices qu'ils réalisent sur la vente de l'élixir et des liqueurs, et, enfin, de la légère rétribution qu'ils retirent des étrangers ; avec ces faibles ressources, ils suffisent aux besoins de leur maison, et ils peuvent encore répandre autour d'eux des secours abondants, des bienfaits multipliés.

Nous avons à nous reprocher d'avoir, à une époque, divulgué quelques-unes de leurs bonnes actions dont le mystère nous avait été révélé par les personnes mêmes qui en avaient été l'objet; le R. P. Général nous en manifesta son déplaisir. Nous n'ajouterons donc ici qu'un seul mot : c'est que les Chartreux sont, dans toute la contrée, une véritable Providence pour les malheureux, et que leur vénérable supérieur est le protecteur sûr et dévoué, le bienfaiteur intelligent et habituel des habitants de ces montagnes.

DESCRIPTION DU MONASTÈRE.

Les bâtiments du monastère sont groupés sur un versant très-rapide, ce qui ne permet pas, en arrivant, de juger de leur ensemble ; une muraille les entoure en suivant toutes les sinuosités du terrain, dont la pente, plus forte en cet endroit, donne un aspect singulier à cette construction hardie, qui fuit et se dérobe à la vue sur le plateau extérieur ; presque tous les combles sont couverts d'ardoises, et leur réunion, entremêlée de plusieurs clochers et de bâtiments de diverses grandeurs, ferait croire que l'on a sous les yeux un lieu peuplé de nombreux habitants.

La première porte qui se présente, en montant à droite, est celle des cours des bâtiments d'exploitation ;

Guide du voyageur à la Grande Chartreuse.
Pl. 5.

là sont les écuries, les granges à foin, un moulin, un atelier de maréchal.

L'entrée principale est sur le plateau au nord ; à droite est un bâtiment qui était, il y a peu de temps, destiné à la pharmacie et à la distillerie ; mais, dans le courant de l'été dernier 1851, un commencement d'incendie s'étant manifesté et ayant été comprimé à temps, les Chartreux ont jugé prudent de transporter cette officine dans une autre partie de l'enceinte entièrement isolée des autres édifices. De l'autre côté, à gauche, est un petit hospice pour les pauvres infirmes.

Dans la cour existent deux bassins circulaires alimentés par les eaux abondantes d'une source qui sort près de la chapelle de Saint-Bruno.

Au fond de la cour on aperçoit la façade de la maison, et un corridor de 127 mètres de long qui sert de vestibule, et auquel viennent aboutir toutes les voies de communication avec les autres parties du monastère. Ce sont d'abord, à droite et à gauche, les avenues des quatre grands corps de bâtiments où logeaient autrefois les prieurs qui venaient au chapitre général, et qui sont réservés aujourd'hui pour les étrangers.

Au rez-de-chaussée sont quatre vastes salles servant de réfectoire commun aux voyageurs, avec des cellules disposées tout autour ; au-dessus de la porte d'entrée, on lit les noms de chacune de ces salles : salle d'Italie, salle d'Allemagne, salle de Bourgogne, salle d'Aquitaine, ainsi nommées parce que, dans le principe, les prieurs de l'Ordre étaient réunis dans la partie des bâtiments qui portaient les noms de leurs provinces respectives.

En suivant le grand corridor, on trouve à droite les cellules des officiers de l'Ordre, et à gauche la chapelle dite *de famille*, l'église, le réfectoire, les cuisines et la dépense.

Dans la chapelle de famille se réunissent les frères, les ouvriers et les domestiques de la maison.

L'église, qui date du quinzième siècle, n'a rien de remarquable ; mais elle est propre, simple, et dans de bonnes proportions. Le premier chœur en entrant est celui des frères, le second est celui des pères ; les étrangers assistent aux offices religieux dans une tribune élevée au-dessus de la porte.

Les cuisines ne peuvent être visitées sans une permission expresse du Révérend Père. On y remarque une table de marbre de huit mètres de longueur, qui sert à entreposer les aliments.

A l'extrémité du même corridor, est, d'un côté, l'habitation du Révérend Père Général, et, de l'autre, la bibliothèque.

Cette bibliothèque, telle qu'elle existe aujourd'hui, s'est formée peu à peu des ouvrages que les solitaires ont apportés en se réunissant et de ceux qu'ils ont reçus en dons ; elle renferme plus de 6,000 volumes, et cependant elle n'est pas comparable à l'ancienne, qui était précieuse en richesses littéraires, en manuscrits et en titres originaux. On y comptait 300 volumes environ du commencement de l'imprimerie ; c'est la bibliothèque de Grenoble qui est aujourd'hui en possession des principaux ouvrages et des manuscrits.

En sortant de la tribune de l'église, on entre dans la galerie des cartes, placée au-dessus du grand corridor d'entrée, et qui est ainsi nommée parce qu'elle contient un grand nombre de plans ou vues générales des anciennes maisons de l'Ordre.

On arrive, de là, dans la salle du chapitre général, l'un des principaux ornements de la maison ; elle est remarquable par son étendue, sa régularité, et la hauteur du plafond, entouré d'un double rang de portraits représentant les généraux de l'Ordre depuis saint Bruno.

Au-dessous de ces portraits, d'une exécution assez médiocre, sont les copies des chefs-d'œuvre de Lesueur, dont les admirables originaux font partie des tableaux du musée du Louvre. L'œuvre de Lesueur retrace les circonstances les plus mémorables de la vie de saint Bruno, non d'après l'histoire, qui, dans sa sévère nudité, ne laisse rien, ou presque rien, à la poésie de l'art, mais d'après les vieilles légendes, dont le caractère merveilleux convient mieux aux productions d'imagination. La copie qui existe au monastère passe pour avoir été faite dans les ateliers et sous les yeux de l'auteur : enlevée, à l'époque de la Révolution, de la salle du chapitre et déposée au musée de Grenoble, elle a été rendue aux Chartreux en 1821. Cette copie est estimée des connaisseurs ; elle se compose de vingt-deux tableaux dont il est facile de saisir l'explication en se reportant aux principaux actes de la vie de saint Bruno.

Le 1er tableau représente le docteur Reymond Diocrès annonçant la parole de Dieu.

Le 2e tableau, la mort du docteur Reymond.

Le 3e tableau, la résurrection du docteur, à ces mots : *Responde mihi quantas habeo iniquitates et peccata.*

Le 4e tableau, méditations de saint Bruno sur ses projets de retraite.

Le 5e tableau, saint Bruno invitant ses disciples à l'imiter et à le suivre.

Le 6e tableau, saint Bruno quittant le monde avec ses compagnons ; l'heure des adieux.

Le 7e tableau, l'apparition des trois anges à saint Bruno pendant son sommeil.

Le 8e tableau, saint Bruno et ses compagnons distribuant leurs biens aux pauvres.

Le 9e tableau, l'arrivée de saint Bruno à Grenoble.

Le 10e tableau, saint Hugues conduisant saint Bruno et ses compagnons au désert de Chartreuse.

Le 11e tableau, saint Bruno examinant le plan du monastère.

Le 12e tableau, saint Bruno recevant de saint Hugues l'habit de religieux.

Le 13e tableau, le souverain pontife Victor III approuvant l'institut des Chartreux.

Le 14e tableau, saint Bruno donnant l'habit de son Ordre à un novice.

Le 15e tableau, saint Bruno lisant le bref du saint-père qui l'appelle à Rome.

Le 16e tableau, saint Bruno arrivant devant le pape.

Le 17e tableau, saint Bruno refusant l'archevêché de Reggio.

Le 18e tableau, saint Bruno et ses nouveaux disciples en Calabre.

Le 19e tableau, le comte Roger visitant saint Bruno.

Le 20e tableau, saint Bruno apparaissant en songe au comte Roger.

Le 21e tableau, mort de saint Bruno.

Le 22e tableau, apothéose de saint Bruno.

Eustache Lesueur naquit à Paris en 1617. Fils d'un sculpteur originaire de Montdidier, en Picardie, il étudia sous Simon Vouet, qu'il surpassa bientôt par l'excellence de ses talents : il fut l'une des illustrations du dix-septième siècle.

Contraint de se réfugier dans un couvent de Chartreux (1) à la suite d'un duel où il eut le malheur de tuer son adversaire, Lesueur y trouva une généreuse hospitalité jusqu'à ce qu'on eût apaisé la famille du défunt;

_____

(1) Ce couvent de chartreux, démoli aujourd'hui, était situé à Paris sur le terrain qui fait partie du jardin du Luxembourg. En 1852, une souscription a été ouverte pour élever une statue à Lesueur ; elle sera établie sur l'emplacement même de la maison où ce grand peintre a passé les plus belles années de sa vie d'artiste.

c'est là que, dans le silence de cette solitude, bourrelé de sa fatale victoire, vivement ému par le contraste qui régnait entre les orages de son cœur et la paix inaltérable de l'homme voué au culte des autels, il eut les premières inspirations de son *Cloître* (c'est ainsi qu'on désigne la *Vie de saint Bruno*); les vingt-deux tableaux furent achevés en moins de trois ans, et mirent le comble à la réputation de Lesueur, qu'on surnomma, depuis, le *Raphaël de la France.*

On doit à Lesueur quelques autres chefs-d'œuvre, notamment le tableau de *saint Paul prêchant à Ephèse.*

Ce grand artiste, fatigué par ses études continuelles et ses nombreuses productions, se sentit atteint d'une maladie mortelle ; il se retira à Paris chez les Chartreux, ses bons amis, qui l'accueillirent avec cordialité. Il y mourut en 1655, âgé de trente-huit ans; inhumé dans l'église de Saint-Etienne-du-Mont, il n'eut pour mausolée qu'une simple pierre.

Dans la salle du chapitre de la Grande-Chartreuse, on remarque encore la statue de plâtre de saint Bruno, donnée par M. Foyatier, de Lyon. Cette statue, de trois mètres de haut, domine le siége destiné au Général pendant les séances des assemblées capitulaires.

A côté de cette salle, il en existe une autre plus petite où l'on voit la continuation des portraits des généraux de l'Ordre, et plusieurs autres tableaux, parmi lesquels on remarque le plus grand, où sont groupés les personnages de l'ordre des Chartreux les plus distingués par leurs vertus ou leurs dignités ecclésiastiques; en face est une Assomption sculptée en relief.

De là on conduit les voyageurs à la partie la plus curieuse, la plus étonnante de toute la maison, au grand cloître, qui forme un carré long éclairé par cent trente fenêtres, et qui, à raison de la surface du terrain, est construit sur un plan incliné : il a deux cent vingt-quatre mètres de longueur sur deux de largeur ; deux personnes placées à chacune des extrémités ne peuvent se reconnaître. Ce cloître a été bâti à deux époques ; chaque portion est dans un style différent.

Les cellules disposées le long du cloître sont au nombre de trente-cinq ; ce sont comme autant de petites maisons séparées se composant de deux pièces éclairées par trois fenêtres, et dans lesquelles on a ménagé un oratoire et un cabinet d'étude ; au-dessous il y a un bûcher, un atelier, et enfin un tout petit jardin formant la séparation des cellules entre elles.

On ne trouve dans ces cellules que ce qui est absolument nécessaire et indispensable aux stricts besoins de la vie ; tout y respire la pauvreté. A côté de la porte de chacune d'elles, et dans l'épaisseur du mur, on a pratiqué un guichet destiné à recevoir les mets qu'on sert chaque jour aux religieux.

Au milieu du grand cloître est situé le cimetière des religieux et la chapelle des Morts ; en sortant de leurs cellules, les religieux voient tous les jours le lieu où reposeront leurs dépouilles mortelles ; les tombes des généraux de l'Ordre sont seulement distinguées par de simples croix de pierre.

La chapelle des Morts, fondée en 1370, renferme les ossements des premiers Chartreux enterrés près de Notre-Dame *de Casalibus*.

Au-dessus de la porte de cette chapelle, dans une niche, a été placé un buste de marbre représentant la Mort sous la forme d'un squelette de femme. C'est un ouvrage qui n'est pas sans mérite ; on remarque surtout la draperie du manteau. C'est un don de Châteaubriand.

Il faut visiter aussi la chapelle de saint Louis, fondée par Louis XIII ; elle est ornée de jolies statuettes placées dans des niches et décorée de peintures et de tableaux.

Avec l'autorisation du R. P. Général, autorisation que l'on obtient facilement, on peut encore voir, attenante à l'église, la chapelle des Reliques ; il y en a de très-rares et de très-précieuses, notamment une épine provenant de la couronne de N.-S., donnée par saint Louis à son retour de la Palestine.

La sacristie renferme aussi des ornements d'église du plus grand prix.

Les personnes du sexe ne pouvant pénétrer dans l'intérieur du monastère, un bâtiment situé à quelque distance de l'avenue a été disposé pour les recevoir ; composé de deux étages, il contient quarante lits ou dortoirs; au rez-de-chaussée, deux salles servent de réfectoire.

A l'angle nord-ouest du mur d'enceinte, sur un point tout à fait isolé des autres édifices, se trouve la chapelle de Saint-Sauveur : restaurée par les Chartreux, les dames peuvent, pendant l'été, y entendre la messe ; il s'en dit plusieurs chaque matin, sur les demandes qui en sont faites par des personnes pieuses.

On remarque au-dessus de toutes les portes du couvent et des bâtiments ayant appartenu aux Chartreux, habités ou construits par eux, ainsi que sur les nombreuses bornes en pierres servant de démarcation aux forêts et aux domaines qui jadis étaient leur propriété, les armoiries qu'ils avaient adoptées dès les premiers temps de leur établissement : c'est une croix fixée sur un globe, couronnée par sept étoiles, dont une plus grande plane sur les six autres; on lit au-dessous la devise suivante : *Stat crux dum volvitur orbis*. On a donné plusieurs traductions de cette devise ; la plus naturelle et la plus conforme au texte est sans doute celle-ci : *La croix demeure debout pendant que le globe terrestre accomplit ses mouvements de rotation.* On conçoit tout ce que renferme de grand et de sublime cette simple phrase, dès qu'on cherche à pénétrer le sens figuré qu'on a voulu y attacher; cependant, dans une de ces conférences où la profondeur des pensées s'unit d'une manière si harmonieuse avec la magnificence du langage, le révérend père Lacordaire donne à cette devise une autre signification; il la traduit ainsi : *La croix s'arrête pendant que l'univers se meut.* Alors, l'éloquent orateur, avec cette voix entraînante et persuasive que nous lui connaissons, s'empressant de répudier en ce point l'héritage des Chartreux ses devanciers au monastère de Chalais, déclare qu'il a changé, sur leurs anciennes armoiries, la devise *Stat crux*, etc., par celle-ci : *Crux incedit dum volvitur orbis*, et qu'il a inscrit lui-même sur sa bannière, au nom de l'Église chrétienne, ces deux mots : *Progrès* et *Avenir.*

Il ne convient pas à nous, humble et modeste écrivain, de venir nous heurter contre le noble et vigoureux athlète qui, du haut de la chaire, n'a pas hésité à frapper, d'une égale réprobation, l'intolérance et l'erreur; plein de respect et d'admiration pour l'homme qui a le plus contribué à ranimer la foi religieuse au sein de notre société si agitée, si ébranlée de toutes parts, nous nous inclinons devant lui : nous disons seulement que la devise des Chartreux ne doit pas être prise dans le sens rétrograde qu'il s'est plu à lui donner; elle indique au contraire qu'au milieu des tempêtes du monde, il est un port toujours offert au malheureux naufragé et à celui qui redoute de s'exposer aux orages d'une mer semée d'écueils et de périls; ce port, c'est l'Église, c'est l'antique et hospitalière maison des religieux de la Grande-Chartreuse, sur laquelle s'élève majestueusement, depuis des siècles, l'emblème immortel du Christianisme.

Les sept étoiles placées au-dessus de la croix rappellent le songe de saint Hugues, évêque de Grenoble, dans la nuit qui précéda l'arrivée de Bruno et de ses six compagnons.

INSTITUTIONS ET OBSERVANCES DE L'ORDRE ; GENRE DE VIE DES CHARTREUX.

Chaque jour les visiteurs de la Grande-Chartreuse adressent, soit aux religieux, soit aux frères, des questions sur la règle et les observances de la maison, sur le genre de vie des Chartreux ; quelques personnes ajoutent à ces questions des réflexions sur les austérités qu'ils s'imposent, sur les motifs qui ont pu amener au fond d'un désert tant d'hommes qui, par leurs talents, leur savoir ou leur position sociale, auraient pu occuper un rang distingué parmi leurs semblables.

Les religieux chargés de la réception des étrangers, de les conduire dans les diverses parties de la maison, répondent avec humilité que, sans cesse en communication avec Dieu, sans désirs, sans ambition, ils sont heureux au milieu de ces montagnes. Ils pourraient ajouter avec un spirituel écrivain : « La vie du monde cache » les épines sous les fleurs, la vie religieuse cache les » fleurs sous les épines. »

Nous n'entreprendrons pas ici de faire l'apologie de la vie monastique; de dire tous les services rendus à l'humanité, aux sciences et aux lettres par les établissements religieux dans les temps où la force brutale et la barbarie dominaient dans le monde : des voix plus éloquentes ont entrepris cette tâche et s'en sont acquittées de manière à imposer silence à leurs détracteurs, ou tout au moins à convaincre les hommes de bonne foi ; nous nous bornerons aux simples observations qui suivent.

Celui qui vit au milieu des joies de la famille, des jouissances du monde, a de la peine à comprendre la vocation qui appelle le religieux à se séquestrer, à se priver de toute communication avec sa famille, à passer ses jours dans la solitude, livré à de pénibles austérités, et à suivre une discipline uniforme et sévère ; mais tout esprit judicieux et non prévenu reconnaît facilement qu'il peut se trouver des hommes qui, dès leur jeune âge, éclairés par un rayon divin, formés par les soins d'une mère chrétienne aux saines croyances, à la pratique des vertus, prennent la détermination de se vouer aux rudes exercices du cloître, dans la persuasion que là seulement est le vrai bonheur et l'espoir fondé d'une vie meilleure.

Il est de sublimes inspirations qui animent des femmes saintes et dévouées au chevet du pauvre malade, dans nos hôpitaux et dans nos mansardes ; il en est d'autres qui leur font s'imposer l'obligation de se charger de l'instruction de nos enfants, dans nos écoles publiques et privées. Les mêmes inspirations conduisent au pied des autels le prêtre et au fond d'un couvent les religieux de tous les ordres. Tous marchent vers le même but, tous sont animés de cet amour de Dieu qui absorbe toutes les autres passions et élève l'homme au-dessus des faiblesses et des douleurs de l'humanité.

Un Chartreux s'est chargé de répondre à quelques objections de leurs nombreux visiteurs, dans un ouvrage qui, bien qu'incomplet, contient des détails assez intéressants sur la Grande-Chartreuse.

« Il est, dit-il, des personnes qui se figurent qu'un » genre de vie tel que celui des Chartreux doit être

» nuisible à la santé ; peu s'en faut même qu'elles ne le
» regardent comme un suicide lent et volontaire. Pour
» les désabuser, nous ne les renverrons pas aux anciens
» Pères du désert, qui vivaient très-longtemps, quoique
» leur vie fût bien plus pénitente et plus mortifiée que
» celle des Chartreux ; nous ne leur citerons que ce qui
» arrive chez les Chartreux eux-mêmes : malgré les jeû-
» nes, les abstinences, les longues veilles, le coucher
» sur la paille et les autres austérités qu'ils s'imposent,
» ils sont rarement malades ; ils parviennent presque
» tous à 80, 90 ans, et quelquefois même on trouve
» chez eux des centenaires ; ils meurent pour l'ordi-
» naire sans douleur et sans souffrances, comme une
» lampe qui s'éteint ; tant il est vrai qu'une vie sobre,
» frugale, simple, uniforme et un peu dure, est plus
» avantageuse que nuisible à la santé.

» D'autres s'imaginent que cette vocation extraordi-
» naire n'a d'autre source que les chagrins, les revers,
» les malheurs auxquels on n'a pas eu la force de résis-
» ter, et que, par un coup de désespoir, on a quitté brus-
» quement le monde sans faire attention aux suites fâ-
» cheuses d'une démarche aussi inconsidérée!! On serait
» dispensé de relever cette erreur si l'on ne venait sou-
» vent nous demander très-sérieusement s'il n'en est
» pas ainsi pour plusieurs solitaires de la Chartreuse.
» Mais on ne songe pas, quand on se heurte à de telles
» idées, qu'il est contre toutes les règles du bon sens
» de supposer qu'une communauté entière, les supé-
» rieurs en tête, admettent aveuglément, sans informa-
» tion, sans examen, ceux qui se présentent. L'Ordre
» des Chartreux a toujours refusé des sujets tels que
» ceux dont il s'agit ; la religion, la charité, la raison, le
» voulaient et l'exigeaient impérieusement. Au surplus,
» et ceci est encore plus décisif, les Chartreux ne reçoi-

» vent pour l'ordinaire que des jeunes gens, et il n'est
» guère possible, moralement parlant, de se trouver à
» leur âge, au sortir des séminaires, réduits à cette si-
» tuation désespérante; on ne les admet toutefois que
» lorsqu'on aperçoit des marques de vocation, et qu'ils
» sont munis de témoignages honorables. »

Ces notions préliminaires ont fait déjà entrevoir la nature du genre de vie des Chartreux; faisons connaître maintenant avec brièveté les devoirs qui leur sont imposés, la règle qu'ils ont à suivre.

Les Chartreux sont tout à la fois cénobites et solitaires; comme cénobites, ils vivent en communauté sous la direction d'un supérieur, et sont assujettis à une règle établie pour tous; ils se réunissent tous les jours à l'église pour la célébration de l'office divin; les jours de dimanche, ils s'y rendent trois fois : dans la nuit, à onze heures pour chanter les matines et l'office canonial; le matin, pour la messe conventuelle, et le soir, vers les trois heures, pour vêpres. Les dimanches et fêtes, tout l'office divin se chante à l'église. Les mêmes jours, ils prennent leur repas au réfectoire, pendant lequel un Père fait la lecture; il n'est pas permis de rompre le silence. Dans la semaine, ils sont servis dans leur cellule.

Une fois par semaine, le jeudi, les Chartreux se réunissent pour le *spacimen*, la promenade : ils font une course de trois heures dans les montagnes; ils peuvent alors converser entre eux. Les jours de fête, ils ont la faculté d'assister à une récréation en commun.

Comme solitaires, les Chartreux passent le reste du temps seuls dans leur cellule, et ne reçoivent personne sans permission; ils n'en sortent que pour se rendre à l'église ou chez les supérieurs.

Les différents exercices de piété, l'étude et le travail des mains occupent les loisirs du Chartreux dans sa

G. M.

CHARTREUX.

solitude : l'office divin, l'oraison mentale ou la méditation, les lectures spirituelles, tels sont les exercices qui sont pour lui une obligation. En ce qui est du travail manuel, le goût particulier de chacun le détermine : tenir sa cellule propre, sans affectation ; cultiver son jardin, fendre ou scier du bois, faire quelques ouvrages au tour ou à la menuiserie, relier des livres, peindre ou dessiner, voilà, généralement parlant, les occupations les plus ordinaires, quoique cependant il soit permis de consacrer à des ouvrages plus sérieux les moments destinés à ces sortes de travaux. Quant aux jeux, à la musique, et à tout ce qui est contraire à une vie d'oraison et de recueillement, les statuts de l'Ordre les interdisent formellement.

Les autres observances consistent dans un jeûne de huit mois ; dans une abstinence perpétuelle de tout aliment gras, même en cas de maladie (1) ; à prendre habituellement ses repas chacun dans sa cellule ; à coucher sur la paille avec des draps de laine ; à garder la clôture la plus étroite, sauf les jours de promenade ; à ne porter que des vêtements et des chemises de laine ; enfin, dans l'obéissance passive aux ordres du supérieur.

Les Chartreux portent en tout temps la tête rase ; quant à la barbe, ils ne se font raser que deux fois par mois.

Tous les jours de l'année, les religieux se lèvent la

(1) Au mois d'août de cette année 1852, nous accompagnâmes à la Grande-Chartreuse M. de Castellane, général en chef de l'armée de Lyon. Le Révérend Père vint le recevoir avec deux religieux, à un kilomètre du couvent. Le Général, après avoir visité toutes les dépendances du monastère, voulut voir les cuisines : le repas du soir de chaque religieux y était préparé ; il consistait en deux œufs et un peu de salade. Le Général, habitué à inspecter sévèrement l'ordinaire des troupes sous son commandement, trouva le pain des Chartreux de médiocre qualité et les mets destinés à leur repas par trop légers.

nuit après quatre heures de sommeil ; la cloche les avertit d'abord de dire en cellule les matines de l'office de la sainte Vierge, et trois quarts d'heure après, elle les appelle à l'église pour y chanter celles de l'office canonial vers le milieu de la nuit.

Les étrangers viennent assister à cet office dans la tribune; une obscurité profonde les entoure; la lampe du sanctuaire répand seule au milieu des ténèbres quelques vacillantes clartés. Bientôt arrivent au chœur tous les pères, les profès en habits blancs, les novices avec leurs capes noires, portant chacun une petite lanterne; ils se rangent dans les stalles, et ils commencent à chanter l'office sur un mode lent et grave avec des voix fortes et sonores; de temps en temps tous les flambeaux s'éteignent ou se cachent; les religieux s'abîment comme des spectres et disparaissent prosternés sous les appuis des stalles : alors les chants sont interrompus par un silence complet; ce silence subit, au milieu de l'obscurité, est saisissant et fait éprouver au plus indifférent une sensation, un frémissement religieux.

La messe conventuelle qui se célèbre le matin, à huit heures, a aussi un caractère mystérieux et solennel qui rappelle le culte des premiers chrétiens.

La cloche qui rassemble les religieux est sonnée successivement par plusieurs des pères; à mesure qu'ils arrivent au chœur, ils prennent leur place après une adoration, et y demeurent en silence jusqu'à l'heure de l'office; le prêtre s'habille à l'autel et commence la messe assisté d'un seul diacre revêtu d'un large manteau en serge blanche. Le *Confiteor* diffère de la prière commune; le *Gloria* et le *Credo* sont chantés par le chœur entier et non par versets alternatifs; le prêtre n'élève pas le calice, et la messe se termine à l'*Ite, missa est*, sans bénédiction ni dernier Evangile. La communion est donnée sous les deux espèces; après avoir reçu l'hostie, les communiants se passent une coupe contenant du vin : cet ancien usage, auquel l'Eglise catholique romaine a renoncé, s'est perpétué dans cet Ordre.

Au milieu du *Credo*, à la Communion, tous les religieux se prosternent couchés sur le côté droit. Chaque religieux, avant de dire sa messe, reste ainsi en méditation pendant un certain temps. En les voyant étendus sans mouvement sur les marches de l'autel, on les prendrait pour ces statues qui ornent les tombeaux placés dans nos anciennes basiliques.

Les Chartreux ne se sont pas bornés à conserver les pratiques à l'usage des premiers chrétiens ; ils portent encore le costume des classes indigentes de l'époque de leur institution.

On sait que *la cuculle*, *le capuchon*, *le scapulaire*, ces vêtements si simples, si commodes, que le non-usage nous fait trouver si bizarres, quoiqu'ils ne manquent pas d'élégance, étaient ceux de la haute antiquité. Leur nom seul décèle leur origine, et le *bardocucullus* ou manteau à capuchon des anciens Gaulois, qui est le type très-peu défiguré de celui des religieux, se porte encore, en sa forme primitive, dans les montagnes du Vivarais : on l'y retrouve tel que l'antiquité nous l'a légué dans les statues drapées des Romains, tel que quelques statues gauloises nous le représentent : ce costume, commode et chaud, fut conservé par le peuple de nos campagnes jusqu'au 13e siècle.

Le costume des religieux, leur longue robe, leur capuchon, n'ont donc rien qui doive nous surprendre : c'était l'habit des anciens, c'était l'habit des pauvres ; il n'est pas étonnant de le retrouver chez des hommes qui ont fait vœu de pauvreté, et que n'ont jamais atteint les vicissitudes de la mode.

Les Chartreux sont placés, dans chacune de leurs maisons, sous l'autorité d'un prieur : celui de la Grande-Chartreuse est le supérieur général de tout l'Ordre; on lui donne le nom de Révérend Père; tous les autres religieux, même les prieurs, sont appelés Vénérables.

Le Révérend Père Général n'a rien à l'extérieur qui le distingue des simples religieux, qui lui doivent cependant une obéissance absolue; il a la haute direction, la surveillance des intérêts de l'Ordre, et plus spécialement l'administration de la Grande-Chartreuse; il ne peut s'éloigner du couvent et de ses dépendances sans une permission du Pape; il a, ainsi que les autres officiers de l'Ordre, la faculté de converser avec les étrangers, de s'entretenir, avec les ouvriers, les domestiques et toutes autres personnes, des affaires de la maison.

Le Général des Chartreux actuel est le révérend père Jean-Baptiste en religion; il se nomme Casimir Mortaise, il est né dans les environs de Toulouse. Nommé en 1823, il a été réélu à toutes les réunions du chapitre général qui ont eu lieu jusqu'à ce jour.

Les officiers de l'Ordre chargés de l'administration sous le Révérend Père Général, sont *le vicaire*, qui le remplace en cas de maladie ou par délégation; *le procureur* (1), qui dirige les affaires extérieures avec l'assis-

---

(1) Le procureur est, depuis longtemps, le vénérable dom Garnier; c'est à lui qu'il faut s'adresser pour tout ce qui concerne les travaux de la maison, les vacheries, l'élevage des bestiaux, le commerce des liqueurs.

Depuis leur retour, les Chartreux se sont occupés avec succès de l'amélioration de la race bovine, qui, avant eux, était des plus misérables dans ces contrées; ils sont arrivés, par le moyen du croisement, à posséder des animaux qui, chaque année, obtiennent des primes dans nos concours d'agriculture. Aujourd'hui, grâce à leurs efforts, les vaches du pays peuvent rivaliser, en beauté et en grosseur, avec celles de la Suisse.

Quant au commerce de l'élixir et des liqueurs, il a pris, à la Grande-

tânce du *coadjuteur;* enfin, *le sacristain*, qui veille à tout ce qui concerne l'office divin et préside à la sacristie.

Ces charges sont électives et ne dispensent d'aucun des devoirs de la règle.

Il est dans les attributions du Révérend Père ou Supérieur de convoquer tous les trois ou quatre ans le chapitre général, qui doit toujours se tenir à la Grande-Chartreuse, berceau et chef-lieu de l'Ordre.

Le chapitre se compose des Prieurs de toutes les maisons établies dans les divers pays de l'Europe, et des officiers de la Grande-Chartreuse. Le chapitre étant assemblé, chaque Prieur, sans exception, demande sa démission, ce qu'on appelle dans l'Ordre *demander miséricorde;* le Général lui-même n'en est pas dispensé; cette démission n'est acceptée que dans des cas très-rares. Le chapitre s'occupe de tout ce qui peut convenir

Chartreuse, depuis trois ou quatre ans, une extension extraordinaire due essentiellement à l'observation consciencieuse des recettes et à la probité rigoureuse qui anime tous ceux qui, au couvent, s'occupent de cette intéressante industrie.

On y produit quatre espèces de liqueurs :

1° L'élixir dit ELIXIR DES CHARTREUX, dont les flacons sont renfermés dans des boîtes en bois, et se vendent 2, 3, 4, 5 et 6 francs, suivant la capacité.

2° La liqueur verte, très-forte, qui se vend 4 fr. 20 c. le demi-litre;

3° La liqueur jaune, un peu moins forte et moins chargée en sirop que la liqueur blanche; elle se vend 3 fr. 20 c. le demi-litre;

4° La liqueur blanche dite MÉLISSE DES CHARTREUX, qui se vend 3 fr. 40 c. le litre. Ces prix sont ceux des bouteilles livrées au couvent et aux entrepôts de Fourvoirie et de Saint-Laurent-du-Pont.

Toutes ces liqueurs sont excellentes; elles sont faites avec les mêmes soins, les mêmes simples; c'est la plus ou moins grande quantité de sucre réduit en sirop qui en fait la différence.

Les plantes qui entrent dans sa composition sont, dit-on, au nombre de cinquante. Les principales seraient : les premières POUSSES du sapin, l'absinthe, l'œillet des montagnes, la mélisse, etc., etc.

Les chartreux composent encore la boule d'acier, pour les contusions et les blessures.

au maintien de la discipline et de la régularité dans tout l'Ordre, et très-secondairement du temporel de chaque maison.

En cas de mort ou de démission du Général de l'Ordre acceptée par le chapitre, la nomination du nouveau Général appartient aux seuls religieux de la maison de la Grande-Chartreuse ; les Prieurs des autres maisons ne prennent aucune part à cette élection.

La dernière réunion capitulaire a eu lieu dans le mois de juillet 1851 ; de tous les Prieurs convoqués, il n'en manqua qu'un seul, empêché pour cause de maladie.

Les chartreuses existantes actuellement sont : en France, celles *de Mont-Rieux*, du diocèse de Fréjus, à deux myriamètres de Toulon ; *de Valbonne*, située dans une belle forêt, à un myriamètre du Pont-Saint-Esprit, du diocèse de Nîmes ; *de Bosserville*, près de Nancy ; *de Mougères*, à un myriamètre de Pézenas (Hérault) ; *de Beauregard*, couvent de femmes chartroussines, à cinq kilomètres de Voiron ; — en Suisse, celles *de la Part-Dieu*, dans le diocèse de Lausanne ; *d'Itthengen*, près de la ville de Constance ; — en Italie, celles de *Turin*, au village de Collegno, à cinq kilomètres de Turin ; *de Pavie*, la chartreuse la plus remarquable de toutes , sous le rapport de l'architecture et des ornements : c'est dans ce monastère que François Ier fut amené prisonnier après sa défaite de Pavie ; *de Pise*, chartreuse située dans la gracieuse vallée de Cala, à un myriamètre de Pise ; *de Florence*, à cinq kilomètres de la ville ; *de Rome*, chartreuse établie dans l'ancien emplacement des thermes de Dioclétien : l'église a été construite sur les dessins de Michel-Ange ; *de Tusulti*, au mont Porée, dans la campagne de Rome ; *de Naples* : cette chartreuse est dans la ville même ; *de la Paduse*, à peu de distance de Salerne : ce qui fait en tout, y compris la Grande-Chartreuse, seize maisons.

Quand un sujet demande à entrer dans l'Ordre, il est examiné avec soin, ainsi que nous l'avons déjà dit, et si l'on reconnaît en lui des marques de vocation et qu'il réunisse, en outre, les conditions requises, *on le met en cellule.* Une des principales conditions est de pouvoir être promu aux saints Ordres, auxquels tous les religieux de chœur sont destinés ; il faut donc avoir fait ses études de langue latine.

Le novice en cellule est désigné sous le nom de *postulant ;* il garde les observances, et assiste à tous les offices en habit séculier et couvert d'un manteau.

Le temps de cette première épreuve est d'un mois, après quoi, le novice est proposé pour la prise d'habit ; si la majorité des suffrages de la communauté a été pour son admission, il revêt l'habit de l'Ordre et il commence son noviciat, qui est de deux ans.

Pendant ces deux années, il est placé sous la direction du maître des novices ; un mois avant la fin du noviciat, il demande à tous les religieux, assemblés en chapelle, d'être admis à la profession ; s'il a été reçu, il renouvelle deux ou trois fois la même demande, et il prononce ensuite ses vœux à la messe conventuelle d'un jour de fête.

On donne le nom de *frères* à des laïques qui ont toujours été reçus dans l'Ordre pour y vaquer aux travaux intérieurs et extérieurs.

Avant d'être admis à contracter des engagements que la Religion considère comme irrévocables, ils ont à subir de longues épreuves ; ils ne peuvent passer de l'état de frère *donné* à celui de frère *convers* qu'après neuf ans d'exercice.

Les frères *donnés,* n'étant liés par aucun vœu, peuvent se retirer ou être congédiés pour de justes raisons : les jours ordinaires, ils portent un habit religieux de couleur brune; les jours de fête et de dimanche, ils revêtent l'habit blanc. Les frères *convers*, qui ont émis les vœux de religion, ont l'habit semblable à celui des Pères; ils laissent croître leur barbe, et ils ont la tête rasée.

Pendant l'hiver, tous les frères assistent chaque jour à l'office de nuit; dans la belle saison, ils n'y sont tenus que les jours de fête.

Les frères *donnés* peuvent faire gras hors de l'enceinte du couvent.

DE LA RÉCEPTION DES ÉTRANGERS ; DE LEURS RAPPORTS AVEC LES OFFICIERS DE L'ORDRE ET LES AUTRES RELIGIEUX DU MONASTÈRE.

Les notions courtes et succinctes que nous donnons dans ce chapitre seront des plus utiles aux personnes qui voudront visiter la Grande-Chartreuse. On est souvent dans l'embarras, par suite de l'ignorance où on y laisse les voyageurs, des principaux usages de la maison.

Les hommes qui montent seuls doivent entrer directement par la grande porte du couvent, que le frère portier s'empresse d'ouvrir au premier coup de cloche; il leur indique l'entrée du grand corridor, à l'autre extrémité de la cour, et là ils demandent aux premières personnes que l'on peut rencontrer le frère chargé de recevoir les étrangers.

Il y a quelque temps, cette importante charge était remplie par le frère *Jérosime*. Il était le digne remplaçant de ce frère *Jean-Marie*, petit vieillard que tout le monde a connu, aux manières polies et gracieuses; qui, toujours gai, toujours alerte, offrait un contraste frappant avec les habitudes sévères et rigides de la maison.

Le frère *Jérosime*, d'un caractère plus grave, avait hérité de l'urbanité de son devancier. Toute personne étrangère devait lui décliner son nom, formalité que

l'on doit toujours remplir; et ce n'est qu'après cette
formalité que le visiteur est conduit au réfectoire.

Un point essentiel est d'arriver au monastère autant
que possible avant une heure avancée de la soirée, parce
que les portes se ferment à sept heures, et une réception
après l'heure ordinaire des repas est toujours incommode
pour les habitants de la maison, obligés de se lever au
milieu de la nuit pour l'office.

Après le repas du soir, on indique à chacun son
dortoir. Ce dortoir est une petite cellule très-propre,
mais garnie de fort peu de meubles : un lit dont le
matelas est toujours assez dur, une chaise en bois, et
un prie-Dieu.

Si l'on veut assister à l'office de nuit, le frère chargé
de recevoir les étrangers a la complaisance de venir
lui-même vous éveiller à l'heure où il doit commencer.

Les repas des étrangers, comme ceux de toute la maison, sont servis en maigre : ils se composent de poissons,
d'œufs, de légumes, de crêmes, de pâtisseries et de
fruits; les fraises des bois, que l'on sert abondam-
ment dans la saison, y sont excellentes.

Si l'on fait le voyage en famille, on se rend au bâtiment destiné au logement des dames, qui sont reçues
par deux sœurs chargées de ce soin; les repas, préparés
dans les cuisines du monastère, sont servis dans une
des salles, et les hommes peuvent y rester jusqu'à sept
heures du soir, heure à laquelle ils doivent rentrer au
couvent.

Les dames ont aussi des dortoirs séparés, mais qui se
touchent. Cette dépendance de la maison n'est pas la
plus paisible, la plus silencieuse; bien souvent les sœurs
sont obligées de se lever pendant la nuit pour faire taire
des conversations bruyantes à travers les cloisons, des
accès de rire et de gaîté qui excitent la mauvaise humeur

des personnes voisines qui ont besoin de repos. Chaque matin, ce sont des plaintes qui arrivent quelquefois au R. P. Général, qui a l'indulgence de pardonner ces légers écarts de la règle. Ce bon religieux vient ordinairement s'informer si les dames sont satisfaites du service : sa douceur, son affabilité simple et touchante, lui ont bientôt gagné tous les cœurs ; alors il sort de sa poche des médailles, de petites gravures, qu'il distribue aux enfants et aux jeunes demoiselles. Les sœurs vendent aux dames des chapelets, des reliquaires ; on trouve les mêmes objets au monastère dans la loge du portier.

L'été dernier, deux compagnies de militaires employés dans le canton à la réparation des désastres occasionnés par les inondations, profitèrent d'un dimanche pour monter à la Grande-Chartreuse ; ils y furent reçus par les religieux, qui ne voulurent accepter aucune rétribution. Ces braves soldats, dans le but de reconnaître la bonne hospitalité des Chartreux, mus aussi par ces sentiments religieux qui se réveillent ordinairement dans ces lieux, achetèrent chacun un ou deux chapelets qu'ils destinaient sans doute à une sœur ou à une mère, peut-être même à une personne plus chère encore.

Les voyageurs qui veulent voir l'intérieur du couvent, en font la demande au frère chargé de les recevoir ; ce frère va en référer au coadjuteur, puis l'un ou l'autre accompagne les visiteurs et leur donne les explications nécessaires.

Le coadjuteur était en 1851 dom Théodore, homme fort instruit ; il n'est entré dans le cloître qu'à un âge mûr. Il était avoué à Paris, lorsqu'une détermination longuement méditée et devenue irrévocable l'a porté à abandonner le monde pour se vouer à la vie religieuse. Il a apporté dans cette maison une grande habitude des hommes et des choses. Elu d'abord coadjuteur, les opérations importantes de la distillerie exigeant des soins constants et éclairés, on lui a confié la direction de cet établissement; il est, de plus, chargé de toutes les affaires du dehors, des voyages et des rapports avec les administrations civiles (1).

On voit dans toutes les salles de petits tableaux sur lesquels sont transcrits le règlement de la maison concernant les étrangers, et des recommandations qui ne sont guère suivies par les voyageurs; on les invite notamment à ne pas maculer les murs, les cheminées, les cartes, les tableaux, les tables, d'écritures, de signatures, de sentences, et quelquefois même de mots malséants. On est pris d'un sentiment de pitié en voyant ces démonstrations vaniteuses dues à l'orgueil, qui porte constamment l'homme de toute condition à rechercher les moyens de se mettre en évidence, ou au désœuvrement de la part de beaucoup de gens qui, après deux heures passées à la Grande-Chartreuse, ne savent plus comment occuper leurs loisirs.

Cependant, nous avons remarqué avec surprise, sur une carte géographique, écrit au crayon, un nom célèbre à plus d'un titre, celui de M. de Lamartine ! Qui croirait que celui qui a rempli le monde de sa gloire littéraire, soit venu mesquinement signer deux fois *Alphonse de*

(1) Le 22 septembre 1852, le Général des Chartreux députa Dom Théodore, et Dom Ephrem, coadjuteur, pour complimenter le Prince Louis-Napoléon à son passage à Voreppe; présentés par M. le préfet de l'Isère, ces deux religieux furent accueillis par le Prince avec la plus touchante cordialité : « Si les instants que j'ai à consacrer à mon » voyage, leur dit-il, n'étaient pas exactement comptés, je me serais » fait un plaisir de visiter vos belles montagnes, le monastère de la » Grande-Chartreuse et les bons Pères qui l'habitent; je suis très-sen- » sible aux vœux que vous m'exprimez au nom des Chartreux; les » bienfaits qu'ils répandent autour d'eux, la juste réputation dont ils » jouissent, les rendent dignes de toutes mes sympathies. »

Lamartine sur une carte appendue au mur d'un réfectoire ? Nous doutions de l'identité de ces signatures ; un des amis du grand poëte nous a certifié que c'était bien la sienne, et nous avons su qu'en effet M. de Lamartine était venu deux fois au monastère : la première, il y a improvisé les belles stances que nous connaissons tous : il n'était que poëte alors !! La seconde fois, devenu homme politique, il laisse aller sa main à tracer son nom sur un mur : ce n'est sans doute là que l'œuvre involontaire d'un esprit préoccupé, d'une imagination rêveuse.

D'autres visiteurs ont laissé des traces de leur passage dans les salles de l'hospice des dames ; nous y avons remarqué les signatures de Mario de Candia, de Julia Grisi, de Siona Lévy.

Nous avons aperçu aussi en plusieurs endroits le nom d'un écrivain qui a laissé quelques souvenirs à Grenoble comme galant et beau diseur, M. L. H. ; ce même nom, nous l'avions rencontré aux grottes de Sassenage, au monastère de Chalais ; mais, à la Grande-Chartreuse, sur le mur à droite du pavillon au-dessus de l'hospice, il est précédé de ce vers espagnol :

Verla y despues morir !!!

Nous pensons que c'est bien à la Grande-Chartreuse que s'adresse cette invocation. Quoi qu'il en soit, ce mur est couvert de productions du même genre, de noms presque tous inconnus. Au bas, un mauvais plaisant ajoute ces mots peu courtois :

Variorum animalium collecta.

On voit où peut aller le dévergondage de l'esprit ; or, ces abus n'existaient pas quand les Chartreux avaient un album qu'ils faisaient présenter au voyageur, qui y inscrivait son nom, et qui, presque toujours, exprimait plus ou moins heureusement, en vers ou en prose, ses inspirations du moment.

Cet usage datait de longtemps avant 1789; le livre de cette époque, continué pendant l'absence des religieux, a disparu; il contenait, dit-on, des réflexions très-curieuses signées de noms célèbres, tels que ceux de Voltaire, J.-J. Rousseau, Bernardin de St-Pierre, Ducis, Mme de Staël et autres. Voltaire avait dit des Chartreux :

« Ils consacrent entièrement leur temps au jeûne, au silence, à la solitude et à la prière; parfaitement tranquilles au milieu d'un monde tumultueux dont le bruit parvient rarement à leurs oreilles, ils ne connaissent leurs souverains respectifs que par les prières dans lesquelles leurs noms sont insérés. »

Rousseau n'avait écrit qu'un mot dans le livre : *O altitudo !*

M. de Châteaubriand a visité la Grande-Chartreuse en 1805. On lit dans ses mémoires *d'Outre-Tombe* la relation suivante :

» Nous nous arrachâmes aux délices de Capoue (l'illustre écrivain était à Lyon) pour aller voir la Chartreuse. Nous louâmes une calèche dont les roues disjointes faisaient un bruit lamentable. Arrivés à Voreppe, nous nous arrêtâmes dans une auberge au haut de la ville. Le lendemain, à la pointe du jour, nous montâmes à cheval et nous partîmes précédés d'un guide. Au village de Saint-Laurent, au bas de la Grande-Chartreuse, nous franchîmes la porte de la vallée, et nous suivîmes entre deux flancs de rochers le chemin montant au monastère. Je ne puis décrire les sensations que j'éprouvai dans ce lieu. Les bâtiments abandonnés se lézardaient sous la surveillance d'une espèce de fermier des ruines;

un frère lai était demeuré là pour prendre soin d'un solitaire infirme qui venait de mourir. La religion avait imposé à l'amitié la fidélité et l'obéissance. Nous vîmes la fosse étroite fraîchement recouverte. On nous montra l'enceinte du couvent, les cellules, accompagnées chacune d'un jardin et d'un atelier; on y remarquait des établis de menuisier et des rouets de tourneur; la main avait laissé tomber le ciseau! Une galerie offrait les portraits des supérieurs de la Chartreuse. Le palais ducal, à Venise, garde la suite des *ritratti* des doges : lieux et souvenirs divers! Plus haut, à quelque distance, on nous conduisit à la chapelle du reclus immortel de Lesueur.

» Après avoir dîné dans une vaste cuisine, nous repartîmes, et nous rencontrâmes, porté en palanquin, comme un rajah, M. Chaptal, sénateur, possesseur de Chanteloup, et inventeur du sucre de betterave. En descendant des forêts, j'étais occupé des anciens cénobites; pendant des siècles, ils portèrent avec un peu de terre, dans le pan de leur robe, des plantes de sapins devenues des arbres sur les rochers. Heureux, ô vous qui traversâtes le monde sans bruit et ne tournâtes pas même la tête en passant! »

Au retour des Chartreux et en 1817, un nouvel album a été commencé; mais il a été supprimé quelques années après, parce que des personnes mal élevées avaient poussé la grossièreté jusqu'à y insérer des paroles injurieuses contre les religieux, et manqué ainsi aux lois de l'hospitalité et des bienséances.

Il nous a été communiqué des extraits de ce livre; nous allons faire connaître les citations qui nous ont paru les plus remarquables par l'élévation des idées ou par l'originalité dont elles sont empreintes.

La plus grande partie de ces pensées fugitives sont en

français, un grand nombre en anglais, d'autres en italien, une seule en espagnol, et encore l'auteur n'a pris la plume que pour déclarer qu'il n'a remarqué à la Grande-Chartreuse que l'élixir qu'on y fabrique.

La première ligne de ce livre est d'un Anglais nommé Ramsay, « Allant à Florence »; c'est tout ce qu'il a à nous dire; un Français a ajouté immédiatement au-dessous : « Bon voyage. » — Puis suivent plusieurs autres noms anglais, dont aucun n'est peut-être catholique, ce qui fait valoir l'observation ingénue consignée au bas de la page : *Tout bon catholique doit visiter ces lieux déserts.* Signé Butilleul.

Un autre faiseur d'amphigouris prétend que *le sage dans le désert est un Narcisse à la fontaine.* Signé Dufresnoy. Heureusement une autre main a écrit dessous : *Mauvais, mauvais.*

Un troisième trouve que ces lieux pleins *de vénération* inspirent à l'homme sensible des idées sublimes et *satisfaisantes.*

Deux Lyonnais ont écrit cette phrase plus simple et mieux sentie :

« Nous conservons dans nos cœurs, nous portons dans nos familles, le souvenir de vos édifiantes vertus. »

Viennent ensuite de fort belles pensées, de très-beaux vers :

Vidi Patres et desertum, et animam meam ad Dominum exultaverunt.

Elie Montgolfier, d'Annonay.

En voici la traduction : « J'ai vu les Pères et le désert; » ils ont élevé mon âme vers le Seigneur. »

Thus, let me live unseen, unknown ;
Thus, unlamented, let me die :
Steal from the world, and not a stone
Tell un here I lie.

P. Jonston.

Traduction :

Que je vive ainsi caché, inconnu; que je meure sans coûter une larme; et quand j'aurai quitté ce monde, qu'une pierre même ne dise où je repose.

Il est fâcheux que ces vers, qui peignent d'une manière si touchante et si vraie la situation du Chartreux, soient accompagnés de cette phrase burlesque :

« *Les soussignés*, qui ont visité le désert de la Grande-Chartreuse le 8 juin 1829, et qui, *susdits admirateurs des beaux effets de la nature*, résident à la Tour-du-Pin. »

Un pharmacien de Lyon a donné un échantillon de sa verve poétique :

> Vous, que la botanique invite
> A venir visiter ces lieux,
> Je vous souhaite un sort plus heureux,
> Que d'être bien mouillés pendant cinq jours de suite.

Un négociant, mécontent de son voyage, a écrit : « Vu, bon pour une fois seulement. » Il était sans doute aussi arrivé à la Grande-Chartreuse par le mauvais temps !

Nous préférons cette strophe :

> Que le bras du Très-Haut vous protége sans cesse,
> Séjour aimé des cieux, asile du bonheur;
> Soyez dans tous les temps l'appui de la faiblesse,
> Les délices du juste et le port du pécheur.
>
> BOSSARD,
> *Supérieur du séminaire de Grenoble.*

Et les vers qui suivent :

> Errantes sacro tenuit nos hospita saltu
> Hæc domus : una dies nobis huc usque profanis
> Christianos dedit esse, virumque paravit Olympi.
>
> DESMOULINS,
> *Aumônier du collége.*

Traduction :

Errants dans ces forêts sacrées, nous arrivons à cette maison hospitalière ; le même jour, nous rappelant à nos devoirs jusqu'ici négligés, nous rend chrétiens et nous ouvre le chemin du ciel.

> Gli abitator dell' infernale sponda
> A consiglio chiamò, battendo i denti,
> Pluto superbo, e, d'atro fiele immonda,
> L' immensa bocca aperse a tali accenti :
> « Che più si tarda, amici ? ormai feconda
> Sorge di troppo, fra i natali orrori,
>   Di Bruno la famiglia ;
>   Ite, sperdete,
>   Rovinate, struggete
> Le statue, i templi, e gli altari, e i bronzi. »
> Disse ; lo stuolo alla crud'opra intento,
> Già la falce avea messo al tronco, quando
> L' ira soffiò di Dio ; e come il vento
> La polvere disperde, in tale forma
> Disperde i rei consigli in un momento.
>
> BENTIVOGLIO.

Traduction :

Le fier Pluton appelle en rugissant les habitants des rives infernales, et, distillant le fiel de sa bouche hideuse, il leur parle en ces termes : « Qu'attendez-vous, amis ? Déjà les enfants de Bruno se multiplient dans l'affreux désert qui les a vus naître ; allez, dispersez-les, renversez, détruisez les marbres, les bronzes, les temples, les autels. » Il dit, et près d'obéir à cet ordre terrible, déjà cette troupe cruelle avait mis la coignée au pied de l'arbre, quand l'ire de Dieu vint à souffler. Ces coupables desseins furent dissipés à l'instant, comme la poussière chassée par les vents.

Fatigué souvent des ennuis et du vain tumulte de la vie, redoutant cette mer agitée par tant de tempêtes, je gagne enfin le port d'où m'avait éloigné une volonté dépravée. Heureux qui peut habiter vos retraites, troupe pieuse et favorisée de Dieu.　　　　FROMENT d'Abbeville.

Ces souhaits d'un noble cœur sont bien préférables à ceux-ci :

Le 8 novembre 1829, je suis venu visiter les pieux habitants de ces vastes édifices qui, malheureusement, ne veulent être assurés que contre les peines éternelles.

Le directeur de la compagnie française du Phénix,
MARUT DE LOMBRE.

Nous ignorons si les Chartreux ont été sensibles à la réclame.

M. Mounier, conseiller d'Etat sous la Restauration, a dit:

Et ego vidi sapientes.

Traduction:

Et moi aussi j'ai vu les sages.

La curiosité seule attire souvent en ces lieux ; mais l'on s'y trouve comme enchaîné par un charme indéfinissable qui se compose de tout ce qu'il y a de sérieux, de noble, de grand dans la nature humaine. Oh! pourquoi les circonstances ne permettent-elles pas que nous fassions ici quelque séjour avec les jeunes gens confiés à nos soins, que nous avons conduits dans cette sainte solitude! Les exemples de silence, de recueillement, de prière, de piété, de patience, de détachement du monde, qu'ils y verraient à chaque moment, feraient sur leur âme une impression religieuse et profonde, et contribueraient bien plus que toutes les exhortations possibles à assurer le perfectionnement moral et leur salut éternel. Mais du moins, ce qu'ils ont pu voir d'une manière si rapide, développera sans doute en eux des sentiments pieux, et la touchante hospitalité que nous avons reçue leur fera sentir le prix et le charme de cette bienveillance universelle, mère de toutes les vertus et principal caractère de la religion sublime de Jésus-Christ, que nous nons honorons de croire et que nous devrions pratiquer!

Saints et révérends Pères, pieux et chers Frères, veuillez agréer l'expression de nos vœux, de notre respect et de notre reconnaissance.

L'institut de Varnier, près de Genève.
NAVILLE, *pasteur.*
DOCHER, *ministre du saint Evangile.*

Tels sont les sentiments admirablement exprimés par des hommes de nation, de religion différentes. Croirait-on qu'un jeune homme, un catholique, un Français, ait osé écrire à la suite deux pages de diatribes des plus inconvenantes?

A la place de ce long et fâcheux écrit, on lit cet avis:

On a cru devoir effacer ces deux pages, comme étant la production d'un jeune homme qui a le malheur d'ignorer les principes de la Religion et toutes les règles de la bienséance, de la politesse. On ne parlera pas de la violation des lois de l'hospitalité dont il s'est rendu coupable. Il suffit de dire que MM. les étrangers, qui ont lu ces deux pages, en ont témoigné leur indignation.

Hâtons-nous de reporter le lecteur sur de meilleures inspirations :

Enfants de saint Bruno, cénobites pieux,
Qui goûtez dans ces murs un bonheur si tranquille,
Que j'aime ces forêts, ces pins audacieux,
Ces rochers, ces déserts et ces monts sourcilleux
Qui semblent les remparts de votre saint asile !
Tout est autour de vous calme comme vos cœurs ;
Et le mien, déchiré d'un tourment qu'ils ignorent,
Ou dont ils ont, du moins, abjuré les erreurs,
D'un pouvoir inconnu sent les efforts vainqueurs,
Et voit s'éteindre ici les feux qui le dévorent.
Vos bois hospitaliers font aimer la vertu ;
L'espoir d'un doux repos, le seul bonheur du sage,
D'embrasser vos devoirs inspire le courage ;
Mais l'imprudent nocher, par les vents combattu,
Touche à peine le port, qu'il regrette l'orage.
Ainsi, loin d'un asile où je vois le bonheur,
Je vais braver encor les orages du monde.
Heureux si de vos vœux la pieuse ferveur,
Sur cette mer perfide, en naufrages féconde,
Du Dieu qui vous entend m'obtenait la faveur.

F. BOUCLY, *avocat à Paris.*

En voyant ce séjour sombre et silencieux,
Où du divin moteur la puissance est empreinte,
Le voyageur s'étonne et contemple avec crainte
Ces abîmes profonds, ces sommets sourcilleux.
Mais ce n'est point assez : ici tout est miracle ;
Il est bientôt ému par un plus beau spectacle,
Par la vertu modeste et sublime à la fois,
Des élus que Bruno tient rangés sous ses lois.
Philosophes du jour, apôtres du sophisme
Qui régentez le monde en prêchant l'athéisme,
Et vous, ambitieux, effroi de l'univers,
Venez pour un instant, venez en ces déserts,
Et, prenant des leçons d'un courage suprême,
Apprenez le grand art de régner sur soi-même ;

Ici de la grandeur l'éclat s'évanouit,
L'orgueil baisse les yeux et le vice rougit.
Dans un calme nouveau les passions se taisent,
Les regrets insensés, les vains désirs s'apaisent ;
Dans le cœur attendri luit un rayon des cieux :
Le ton lent et plaintif de la cloche qui tinte,
Le cloître où l'œil se perd, son jour mystérieux,
Les cantiques sacrés dont retentit l'enceinte,
Tout élève l'esprit à Dieu qui seul est grand
Et de nos vanités atteste le néant.
D'un zèle antique et pur conservateurs fidèles,
Qui cueillez de la foi les palmes immortelles,
Ah ! ne regrettez pas nos impures cités,
Nos folles passions, nos trompeuses délices ;
Pour les profanes cœurs elles ont des supplices
Plus rigoureux cent fois que vos austérités.

GABRIEL DE MOYRIA.

Saints fils de saint Bruno, si chers à l'Eternel,
La piété, longtemps avec vous fugitive,
Célèbre dans ces lieux son retour solennel.
En ce séjour sacré la foi devient plus vive :
On s'éloigne du monde, on s'approche du ciel.
Ce monde n'est pour vous qu'une terre captive
Dont vous ne conservez qu'un souvenir cruel.
Eh ! qui peut, revoyant le temple d'Israël,
Regretter les palais de l'impure Ninive ?

Augustin BLANCHET, de Rives.

Les dames aussi ont payé leur tribut à l'hospitalité des Chartreux, à la solitude au milieu de laquelle s'écoule leur existence, à la majesté des lieux qui les entoure.

Ce sont d'abord trois villageoises qui expriment naïvement en patois de nos contrées méridionales le plaisir qu'elles ont éprouvé dans leur excursion:

O benheurouse Chartrousa ! tant aven aîu de plaisi à te veni vere, tant aven de peno à te quitta.

Alix ROUX, Pauline DENANTES, Zoé VAEZ.

Le morceau suivant est plein de grâce et de légèreté:

Tout m'enchante en ce lieu paisible,
Tout me dit qu'on y vit heureux :
Ces noirs sapins, ces abîmes affreux,
A mes yeux n'ont rien de terrible,
Et j'aimerais le sort des bons Chartreux.
Mais un seul point vient ralentir ma flamme :
Ce silence éternel glace mon cœur d'effroi ;
Lecteur, tu devines pourquoi,
C'est que je suis...... une femme.

CLOTILDE.

Nous ne donnons pas ces extraits du livre des étrangers comme des modèles sous le rapport de la pureté du style, des charmes de la poésie ; mais nous en avons recueilli quelques-uns pour qu'on pût avoir une idée de ce qu'était cet album, dont on regrette généralement la suppression ; on aura égard, sans doute, à la nécessité d'improviser en peu d'instants quelque chose qui répondît à la majesté des lieux que l'on venait de parcourir, aux sensations diverses que l'on avait éprouvées.

Tout le monde ne naît pas poëte, mais l'âme, émue à l'aspect des merveilles de la nature, peut ressentir parfois quelques émanations de ce feu sacré, et se laisser aller, pour exprimer une pensée grande et sublime, à recourir à ce langage que les anciens appelaient le langage des dieux, et que nous nommons, nous, le langage du cœur.

Nous terminerons ces citations en transcrivant ici des fragments d'une pièce de vers sur la Grande-Chartreuse qui nous a été communiquée par son auteur :

7

LA GRANDE-CHARTREUSE.

La contemplation de la Nature par l'homme qui
souffre fait naître en son cœur un céleste amour
dont le parfum l'enivre , et lui laisse, en s'exha-
lant, un consolant souvenir.

I.

O vous , nombreux mortels dont le cœur saigne et pleure,
Qui pouvez tout un jour, une semaine , une heure ,
·Fuir les marais fangeux qu'on appelle Cités ,
Allez vous épurer au sein de ces beautés ;
Promenez vos regards dans ces gorges profondes ,
Ecoutez des deux Guiers l'hymne éternel des ondes ;
Et si vos pieds , blessés , trouvent long le chemin ,
Si le bâton classique est lourd à votre main ,
Allez sous ces taillis , Alhambras de feuillage ,
Où la Pénombre est reine et trône sans partage ;
Asseyez-vous : la mousse a tant de velouté !
Regardez.... Quel spectacle et quelle majesté ! !

II.

Partout de l'eau qui gronde et de l'eau qui murmure ;
Des arbres noirs et verts ; des dômes de verdure ;
De ténébreux vallons pleins d'ombre et de fraîcheur ,
Offrant leurs voluptés au touriste rêveur ;
Des rocs aux flancs pelés , aux titaniques cimes ;
Des lichens tapissant les parois des abîmes ;
Des neiges s'irisant aux rayons du soleil ;
De beaux rhododendrons au calice vermeil ;
Les grottes où les Guiers s'échappent en cascades,
Grottes que le rêveur peuple de naïades
Aux longs voiles épars, jetés sur les roseaux ;
Des champs et des vergers où paissent des agneaux ;
Des troupeaux bondissant dans les gras pâturages ,
Mais broyant sans pitié trolles et saxifrages :

La Croix-Verte, jalon indiquant au chrétien
Qu'il est dans ce Désert des apôtres du Bien ;
D'épais brouillards servant de couronne aux montagnes ;
Un immense horizon de fertiles campagnes ;
Les grelots des mulets, les chants des muletiers ;
La feuille qui bruït au-dessus des sentiers ;
De mille filets d'eau les sources souriantes ;
Des ruisseaux, des torrents aux saccades bruyantes ;
Leur rivage émaillé par des myosotis
Et des thyms se cachant sous les alpestres lis ;
....
Des chamois, des hameaux au bord de précipices ;
Des fleurs dont le zéphyr cueille seul les prémices ;
Chame-Chaude, le Frou, Valombrey, le Grand-Som,
Chartreusette, le Col, les Portes, Charmanson ;
De blancs amélanchiers confiant leurs pétales
Aux ailes du Printemps ; les plaintes des cigales,
Psalmodiant leur hymne à l'ombre d'un bouleau ;
Des cytises couverts des disques d'un sureau ;
Bovinant, Tenaison, l'Œillette, Fourvoirie ;
Au milieu des forêts, quelque bout de prairie ;
Des papillons d'azur traversant les chemins ;
Travail de la Nature et travail des Humains :
Ici, du pont Pérant l'arche étrange, où les lierres
S'enroulent, gracieux, autour des vieilles pierres ;
Là, l'immuable pont jeté sur le Guiers-Mort
Par Celui de qui vient l'Existence et la Mort ;
Insectes voletant sur les petits brins d'herbe,
Touffes de blancs orchis, roseaux tombant en gerbe ;
Tous les bourdonnements qui peuplent les grands bois ;
Silence solennel, mystérieuses voix ;
Nature à la fois grave, imposante, rieuse :
Voilà le beau Désert de la Grande-Chartreuse,
Où tout, forêts, torrents, fleurs, montagnes, oiseaux,
Forme éternellement de magiques tableaux !

III.

Quelle splendeur céleste, et quelle poésie !
La raison se recueille et l'âme s'extasie
    Devant la grande œuvre de Dieu ;
Le regard qui restait abaissé vers la terre
Se lève vers Celui de qui vient la lumière
    Et le cherche dans le ciel bleu !

Les cités, leurs plaisirs, leurs passions, leurs peines,
Les terrestres amours et leurs terrestres chaînes,
    Gloire, Pouvoir, Fortune, Orgueil,
Tout cela disparaît et s'exhale en fumée;
Eût-il un trône d'or, l'homme s'y voit pygmée;
    De sa personne il prend le deuil!

Il contemple, surpris, ces forêts grandioses,
Ces masses de granit, ces fleurs blanches ou roses,
    Ces mousses, ce torrent, ce Tout!
Il se sent écrasé par ces mille merveilles;
Il n'a pas assez d'yeux et pas assez d'oreilles;
    Il s'étonne d'être debout....

Il veut chercher des mots pour rendre sa surprise,
Et ne peut confier aux ailes de la brise
    Que des sons inarticulés;
Les yeux tout grands ouverts, les lèvres frémissantes,
Il est sans voix devant ces ondes mugissantes,
    Ces mille-pertuis étoilés!

Sa poitrine se gonfle et devient trop petite;
Son cœur a plus d'élans, le sang s'y précipite
    Avec impétuosité;
De sa prison de chair il voit l'insuffisance
Pour garder le dépôt de ce bonheur immense
    Qu'il n'eut jamais dans la cité.

A chaque pas qu'il fait, il sent que la Nature
Le passe à son creuset, le grandit et l'épure;
    Bientôt il se voit moins petit:
Il fait corps avec Elle, et comprend qu'elle donne
Des plaisirs près desquels la plus belle couronne
    Brille bien moins que ce granit!

Alors il prend pitié des tourments que les hommes,
Riches, Infortunés, Ouvriers, Gentilshommes,
    Se donnent pour se déchirer;
Là, sa raison comprend la loi de l'Harmonie;
Là, Dieu la burina. Sa sagesse infinie
    Nous manque pour la pratiquer....

La paix lui vient à flots, des flots sans amertume!
De l'Océan du monde il ne voit plus l'écume
    S'élancer jusque sur son cœur;
Il découvre un azur qu'il ignorait encore;
Sur son âme se lève une nouvelle aurore
    Qui lui fait voir le Créateur!

O saints élancements ! mysticisme de l'âme !
Divine quiétude ! étrange et douce flamme !
    Nature, quelle volupté
Tu donnes au mortel qui cherche dans toi-même
Le mot qui doit résoudre à ses yeux le problème
    Que l'on appelle : Eternité.....

Ce désert est un temple, une éternelle église ;
Les monts sont les autels ; et l'encens, c'est la brise
    Qui frôle en passant les sapins ;
Insectes, mousse, oiseaux, fleurs, en sont les fidèles ;
Les chants sacrés sont dits par mille cascatelles,
    Chants d'orgue graves, argentins !

Allez, vous tous, mortels que la Douleur assiége,
Qui de l'hiver du cœur connaissez le cortége,
    Les aquilons tempétueux,
Allez chercher la paix dans l'oasis heureuse
Qu'on nomme le Désert de la Grande-Chartreuse :
    Paix pour le cœur, l'âme, les yeux !

IV.

Tout à coup du sentier disparaît la voussure,
Ses flexibles arceaux ne cachent plus le ciel. —
A la porte du temple à la verte guipure,
Au sein de ce Désert isolé du mortel,

On découvre, surpris, un vaste monastère,
Un immense tombeau, sombre, silencieux,
Où viennent se coucher les enfants de la terre
Qui s'éloignent du monde et s'approchent des cieux !

Placé sur un versant de cimes édéniques,
Ayant une ceinture, un rempart de sapins,
Au milieu de beautés et d'horreurs poétiques,
Dans un vallon hanté par des aigles alpins,

Ayant sous ses regards une douce prairie
Dont l'herbe sert d'écharpe à des milliers de fleurs,
Plongé dans le silence et dans la rêverie,
Arrêtant sur son seuil les orages des cœurs,

Tel est ce monastère, ou plutôt cette église,
Cette ruche pieuse au milieu d'un Désert,
Que caresse parfois l'haleine de la Brise,
Mais que glace souvent le souffle de l'Hiver !

. . . .

Seule, la cloche jette aux airs ses sourdes plaintes ;
La prière est un souffle, une effluve, un soupir ;
Ses muets habitants aux prunelles éteintes
Semblent ne pas marcher et se laisser mourir....

Ils passent sans se voir, se sourire, s'entendre ;
Leur paupière se ferme au contact des mortels ;
Le monde n'a pour eux rien qu'ils puissent comprendre :
Ce n'est que devant Dieu qu'ils dressent des autels.

Le Ciel : voilà leur but ; leur moyen : le Silence ;
Leur regard ne recherche et n'aperçoit que Dieu ;
Leur âme ne nourrit qu'une seule espérance,
Et dans ses visions ne formule qu'un vœu :

. . . .

Etouffer les pensers qui rappellent la Terre ;
Flageller sans pitié le plus pudique amour,
Tout sentiment terrestre, allât-il vers un frère ;
Creuser sa propre tombe, et prier nuit et jour ;

. . . .

Repousser de son front tout vain désir de gloire ;
Obéir à l'instant avec humilité ;
Lacérer les feuillets impurs de la Mémoire ;
Et, vivant, se voir mort avant l'Eternité :

Voilà, pour un Chartreux, ce que c'est que la vie !
Voilà ce qu'il appelle accomplir son devoir !
La souffrance, toujours, par une autre est suivie :
Plus sa chair a de pleurs, plus son âme a d'espoir !

. . . .

Peut-être qu'ils avaient des amis, une mère ;
Le loisir d'admirer les flots de l'Océan ;
Ils pouvaient s'appuyer sur le bras de leur père,
Et contempler à deux le beau Graisivaudan !

Mais la divine voix, — cette voix qu'on écoute
Avec recueillement aux heures de la nuit, —
Parle.... ; et tout aussitôt ils se mettent en route
Pour chercher ce tombeau qui les couvre sans bruit !

. . . .

Quelle énergique foi! quel effrayant courage !
Qu'à ces soldats du Christ il faut de la valeur !
Mais aussi, quand sa main ferme leur sarcophage,
Ne leur donne-t-il pas le céleste bonheur?

B. Nicollet,
Ouvrier typographe.

Grenoble. — 1853.

Quand on a lu ces vers, ces pensées si variées qui, toutes cependant, tendent au même but, celui d'exprimer l'admiration, le respect et la vénération qu'inspirent ces pieux cénobites; quand on a vu les plus grands écrivains du siècle passé, ceux même qui, dans leurs œuvres, ont attaqué avec le plus d'acharnement les ordres monastiques, déposer leur tribut d'éloges aux pieds des enfants de saint Bruno; quand on remarque chaque année cette affluence de visiteurs de toutes les classes, de toutes les conditions de la société, on est heureux de reconnaître que le culte de la vertu comme celui de la religion ne cesseront jamais d'être honorés parmi les hommes.

EXCURSIONS AUX ENVIRONS DU MONASTÈRE.

Il nous reste maintenant à parler des excursions que l'on peut faire aux environs du monastère.

Il faut visiter d'abord les deux chapelles de Notre-Dame de *Casalibus* et de saint Bruno.

Ces deux chapelles sont au-dessus du couvent, dans le prolongement de la vallée au milieu de laquelle est emplacé le couvent, sur le chemin qui conduit à Bovinant.

Nous avons dit qu'à leur arrivée dans le désert de Chartreuse, saint Bruno et ses compagnons s'étaient construit de pauvres petites cellules ou cabanes en bois qui furent remplacées par un monastère plus commode aux frais de saint Hugues, évêque de Grenoble ; ce monastère était également en bois. Quarante-neuf ans après, le 30 janvier 1133, il fut renversé par une avalanche ; il n'y eut que l'église de préservée, et c'est précisément sur les restes de cette église qu'est placée la chapelle qui porte le nom de *Casalibus*, afin de perpétuer le souvenir des petites cellules qui avaient servi à saint Bruno.

Cette chapelle, établie en 1440 par François de Maresnes, un des généraux de l'Ordre, reconstruite plusieurs fois, a été réparée après la rentrée des Chartreux : sa couleur blanche se détache parfaitement de la verdure qui l'entoure.

Sa voûte est peinte en azur et parsemée de chiffres en or de la sainte patronne ; on voit dans le pourtour deux rangées de cartouches renfermant en lettres dorées un verset des litanies de la Vierge.

Le tableau de l'autel représente les premiers disciples de Bruno prêts à quitter le désert dans la douleur que leur cause l'absence de leur fondateur ; et l'apparition de saint Pierre leur montrant la sainte Vierge venant à leur secours.

A deux cents pas au-dessus de la chapelle de Notre-Dame, on voit celle de saint Bruno, assise sur un rocher à pic, le même où Bruno, en arrivant au désert, établit sa modeste habitation.

Auprès du rocher sort une fontaine dont les eaux abondantes animent le paysage.

La chapelle est ombragée par des sapins qui croissent çà et là sur les pierres recouvertes de mousse. En cet en-

G. M.

CHAPELLE DE St.-BRUNO.

droit, la vallée se resserre et présente un aspect sauvage et triste.

Bruno et ses compagnons, qui cherchaient la solitude la plus profonde, durent s'arrêter là.

Elevée en 1640 par Jacques de Marly, évêque de Toulon; abandonnée par les Chartreux en 1790, cette chapelle tombait en ruines; en 1820, à l'aide de dons et de libéralités de personnages illustres qui étaient venus les visiter, ils la firent réparer telle qu'elle est aujourd'hui.

Les artistes qui ont vu les décorations intérieures de cette chapelle s'accordent à dire que toutes les peintures sont du plus mauvais goût.

Nous ajouterons que les Chartreux, depuis leur retour, ont fait exécuter, soit dans l'intérieur du couvent, soit dans les chapelles, beaucoup d'ouvrages du même genre qui laissent à désirer sous le rapport de l'art.

Les religieux vont trois fois, dans le cours de l'été, chanter une messe à Notre-Dame *de Casalibus*, et une fois à la chapelle de saint Bruno, dans l'octave de la fête de ce saint.

A droite, et au-dessus de ces deux chapelles, est le chemin du Grand-Som: pour aller sur ce pic on doit prendre des guides; on en trouve au couvent. Après une heure et demie de marche, on parvient au chalet de Bovinant; au sommet de la prairie, on aperçoit un sentier qui serpente le long des rochers, au bord de précipices d'une effrayante profondeur.

Du chalet de Bovinant au Grand-Som, on ne compte qu'une heure; sur le point culminant, à 2048 mètres au-dessus du niveau de la mer, est une croix de bois très-élevée que l'on aperçoit des prairies qui entourent le monastère, ainsi que de la cour intérieure.

Sur le sommet du Grand-Som, l'œil embrasse une vaste étendue de pays : le Rhône, Lyon ; dans le lointain, les montagnes du Forez, du Vivarais, le lac du Bourget, les montagnes de la Maurienne, le Mont-Blanc, les grandes Alpes, les pics principaux de la chaîne qui domine la vallée du Graisivaudan, le Grand-Charnier, Belledone, Taillefer et le mont Pelvoux (1).

La course du Grand-Som est intéressante, non-seulement pour l'amateur des beautés de la nature, mais encore pour le botaniste, le minéralogiste et le géologue. Deux heures suffisent pour redescendre au couvent.

En face du monastère, au-dessus de l'hospice, est construit un pavillon auquel on accède par une pente douce; de ce belvédère, on domine tous les bâtiments de la Grande-Chartreuse; on peut encore jouir du même aspect en montant par la prairie en face, au-dessus de la chapelle de Saint-Sauveur, jusqu'à la lisière du bois; les dames peuvent, de ce point, se former une idée de la distribution intérieure et de l'emplacement de chaque partie de la maison.

Nous avons déjà parlé de la Correrie, à demi-heure au-dessous du couvent, sur le chemin qui conduit au Sappey; cet édifice avait été construit par Guigues Ve, prieur de la Grande-Chartreuse, pour les religieux âgés et infirmes. On y ajouta ensuite des ateliers, et même une imprimerie. Aujourd'hui, les bâtiments sont presque en ruines; la partie habitable est occupée par des gardes forestiers : les Chartreux y ont encore leur jardin potager.

On voit, au-dessus de la porte d'entrée, une niche contenant une statue de la sainte Vierge, avec cette inscription :

(1) Le mont Pelvoux est la montagne la plus élevée de France : sa hauteur au-dessus du niveau de la mer est de 4105 mètres.

G. M.

CHAPELLE DE Ste-MARIE.

Da, precor, infantem, nam dulce est hoc mihi pondus ,
Si tamen est pondus quod mala nostra tenet.

Voici la traduction de cette inscription en vieux français :

Baillez-moi votre enfant, car ce fardeau m'est doux,
Si pourtant est fardeau qui nous allége tous.

Les personnes qui peuvent rester quelques jours au couvent feront bien encore de visiter les chalets de Valombrey que l'on aperçoit au couchant ; on ne peut trouver nulle part de plus délicieux ombrages.

Si l'on veut pousser plus loin encore les courses dans les montagnes, il faut traverser le village de Saint-Pierre-de-Chartreuse, se rendre au hameau de Perquilin, et explorer la grotte appelée *le Trou-du-Glas*. Cette grotte, dont l'entrée est sans cesse couverte de neiges et de glaces, a 6 mèt. de hauteur sur 8 mèt. de largeur, et se prolonge à plusieurs centaines de mètres dans le rocher. De sa paroi supérieure jaillit une source. Tout l'intérieur est garni de stalactites d'un effet surprenant. On ne peut y entrer qu'avec des flambeaux. Quand on arrive à une certaine profondeur, on rencontre un couloir que l'on traverse en s'aidant des mains ; on l'appelle *Cheminée du Diable* ; le couloir franchi, on pénètre dans un endroit plus vaste dont les stalactites sont plus nombreuses encore; de distance en distance on est arrêté par des crevasses d'une profondeur considérable, dans lesquelles on ne peut descendre que très-difficilement; les habitants du pays prétendent qu'au fond de ces crevasses existent d'autres conduits souterrains dans lesquels sont les sources du Guiers-Mort.

Le Trou-du-Glas est indiqué comme un des sites les plus remarquables de ces montagnes dans tous les ouvrages de statistique du Dauphiné.

Enfin, le désert et les montagnes offrent un champ vaste et des plus riches à ceux qui s'occupent de sciences naturelles. Pour la minéralogie, on peut consulter les OEuvres de Guettard; pour la botanique, l'*Histoire des plantes du Dauphiné*, par Villars; la *Flore du Dauphiné*, par Mutel (1).

Ici se termine la tâche que nous avons entreprise. Nous croyons avoir fait connaître tout ce qu'il pouvait y avoir d'intéressant dans ces montagnes. Plusieurs avant nous l'avaient tenté : M. Balleydier, de Lyon; M. Dupré-de-Loire, de Valence; un religieux du monastère, dont le nom est resté inconnu : mais tous avaient laissé des lacunes qu'il importait de remplir. Un de nos compatriotes, M. Albert du Boys, a donné, sur le monastère de la Grande-Chartreuse, une relation aussi remarquable par la pureté du style et l'élégance de la diction, que par la vérité des descriptions; nous avons puisé à toutes ces sources; ayant sur nos devanciers l'avantage d'une connaissance exacte des localités; pendant deux ans, nous nous sommes occupé à recueillir çà et là des matériaux, et, encouragé par les conseils de plusieurs de nos amis, nous avons offert au public le fruit de nos recherches et de nos observations.

(1) Voir l'article BIBLIOGRAPHIE, page 158.

AVIS DE L'ÉDITEUR.

En publiant le travail remarquable de M. Bourne sur la Grande-Chartreuse, notre but a été de fournir au voyageur qui vient parcourir ses montagnes et visiter son couvent célèbre, des documents plus circonstanciés et plus complets que ceux insérés jusqu'à ce jour dans les Guides et les Itinéraires. Mais, afin de donner à notre recueil une plus grande utilité pour ceux qui désirent connaître l'histoire naturelle d'un pays aussi digne d'attirer les regards de l'homme éclairé, nous avons emprunté à divers ouvrages récents quelques indications qui nous ont paru offrir de l'intérêt. Ainsi, nous présentons : 1° un extrait d'un travail de M. Lory, sur la géologie des montagnes de la Grande-Chartreuse ; 2° des extraits de deux ouvrages de M. Albin Gras, sur les Oursins fossiles du département de l'Isère et les Mollusques fluviatiles et terrestres ; 3° un catalogue d'insectes coléoptères, qui nous a été fourni, avec la plus grande obligeance, par M. A. B. ; 4° des documents tirés de la Flore du Dauphiné, de Mutel, sur les végétaux qui croissent naturellement dans les montagnes de la Grande-Chartreuse ; 5° quelques notes sur les communes qui environnent le monastère de la Grande-Chartreuse. Ces dernières notes se trouvent dans la table qui termine notre volume.

Nous ajoutons encore à ce recueil, pour diriger les étrangers dans notre pays, une deuxième partie qui contient une notice sur Grenoble et ses environs, et sur des courses à faire, très-intéressantes, qui n'ont pas encore été indiquées ; l'état de toutes les voitures publiques qui arrivent à Grenoble ou qui en repartent à heure fixe, et des renseignements sur les voitures que l'on peut louer pour une course ou à la journée. Enfin, un article bibliographique sur les ouvrages concernant le Dauphiné qui sont en vente dans le commerce. Nous croyons avoir ainsi réuni tous les documents qui peuvent être utiles à l'étranger qui veut visiter avec fruit notre ville et nos montagnes.

GÉOLOGIE.

Les détails qui suivent sont empruntés à l'*Essai géologique sur le groupe des montagnes de la Grande-Chartreuse*, récemment publié par M. Lory, professeur de géologie à la faculté des sciences de Grenoble (1). Ils ne sont qu'un résumé très-sommaire de cette savante publication.

Le groupe des montagnes de la Grande-Chartreuse, dit M. Lory, est une des parties des Alpes françaises qui méritent le plus d'être l'objet d'une description détaillée. Intéressantes par la variété des terrains qui les composent et la puissance considérable de plusieurs d'entre eux, ces montagnes le sont plus encore par la grandeur et la complication de leurs accidents orographiques, par les bouleversements très-énergiques, mais en même temps très-réguliers, qui ont déterminé leur relief actuel.

La vallée de l'Isère de Montmélian à Grenoble, et celle du Drac, sont creusées en entier dans le terrain jurassique et vers la limite de deux étages, séparés l'un de l'autre par ces vallées : à l'est, du côté des Alpes centrales, c'est le *lias*, reposant sur des lambeaux de terrain anthracifère ou sur les roches cristallines, schisteuses, des terrains anciens ; à l'ouest, sur la rive droite de l'Isère et la gauche du Drac, c'est l'*étage oxfordien*, recouvert immédiatement dans la plupart des cas par la série des terrains crétacés. Ceux-ci forment toutes les grandes masses et les points culminants de nos chaînes calcaires ; au-dessus d'eux, on ne trouve plus que les terrains tertiaires moyens, la molasse particulièrement, soulevés par le dernier bouleversement des Alpes occidentales ; puis les terrains tertiaires supérieurs, restreints au pourtour extérieur des Alpes, les alluvions anciennes, les dépôts erratiques et les formations de l'époque actuelle (p. 9).

Sur le chemin de la Grande-Chartreuse à Saint-Laurent, on traverse deux affleurements de l'étage oxfordien, l'un en sortant du couvent, l'autre en approchant de la porte de Fourvoirie. Celui-ci sert de base aux couches néocomiennes que l'on traverse en venant de St-Laurent-du-Pont, depuis la scierie de l'Orcière jusqu'au-dessus de la porte de l'Œillette ; l'autre, soulevé par une grande faille à un niveau supérieur, supporte de même les couches néocomiennes et crétacées du Grand-Som. En suivant le chemin, on étudie facilement la série de couches néocomiennes. Entre la scierie de l'Orcière

_____

(1) Vol. in-8° avec planche, chez Ch. Vellot, libraire, rue Lafayette ; prix : 2 fr.

et le Pont-Pérant, on rencontre les calcaires néocomiens inférieurs; ils continuent encore un peu plus haut et se terminent par les couches marneuses bleuâtres remplies de spatangues (*toxaster complanatus*). Bientôt, à la porte de l'OEillette, on atteint l'étage néocomien supérieur.

L'étage néocomien inférieur est en grande partie formé de roches marneuses, grises ou bleuâtres, qui se dégradent assez facilement. Les vallons de Saint-Martin-le-Vinoux, de Sarcenas, du Sappey, de Saint-Pierre-de-Chartreuse, d'Entremont (partie française), de la Grande-Chartreuse, etc., doivent leur origine à l'érosion éprouvée par ces marnes (p. 23).

L'étage néocomien supérieur est entièrement calcaire et formé de roches compactes. Il comprend une masse énorme de calcaires, dont la puissance moyenne est de plus de 500 mètres. Les couches épaisses et compactes forment de grands escarpements de crêtes abruptes qui donnent aux montagnes de la Chartreuse leur physionomie caractéristique (p. 26).

Le nom de *Gault* s'applique rigoureusement à une petite assise de couches marno-sableuses, jaunâtres, pétries de points verts et de grains quartzeux, dans lesquelles on trouve beaucoup de fossiles caractéristiques. Cette couche fossilifère, qui a presque toujours une très-faible épaisseur, se retrouve à la Ruchère, à Saint-Pierre-d'Entremont, Entremont-le-Vieux, etc. (p. 29).

La série des étages crétacés supérieurs au Gault a été longtemps méconnue dans le département de l'Isère. M. Lory a reconnu la craie sur un grand nombre de points du massif de la Grande-Chartreuse :

1° Sur le haut plateau calcaire séparant la vallée du Graisivaudan de celle d'Entremont ;

2° Dans la vallée d'Entremont-le-Vieux, sous le château d'Entremont, au bord du Guiers, tout le long de la gorge d'Entremont à Bovines, et sous la crête la plus élevée du Grand-Som ;

3° Dans le vallon du Corbet, dans le centre du vallon de la Ruchère, et au-dessus des dernières maisons de cette commune ; de là, à travers les forêts de la Grande-Chartreuse, on la suit d'une manière continue en passant par la grange d'Arpizon, la combe des Molières, les granges de Corde et de l'Essart-Rocher ;

4° Sur la montagne du Charmant-Som, où la craie forme le sol de vastes pâturages (pp. 35 et 36); puis, dans tout le vallon de Proveysieux, d'où elle se continue par les couches exploitées sous le nom de *lauzes*, et les calcaires remplis de silex de Saint-Egrève et de Fontaine.

Le terrain tertiaire inférieur manque complétement dans le département de l'Isère. Le terrain tertiaire moyen y est représenté par la molasse, de formation marine. Elle forme, dans la partie montagneuse, deux bandes allongées suivant la direction des chaînes : l'une comprend la vallée de Saint-Laurent-du-Pont, Raz, Voreppe, Veurey, Montaud, la vallée de Rencurel, et Saint-Julien-en-Vercors; l'autre, moins continue, comprend Corbet (Savoie), les Molières (Chartreuse), le col de la Charmette, la vallée de Proveysieux, Saint-Egrève, Sassenage, Saint-Nizier et Lans (p. 47).

Les blocs erratiques de roches anciennes, provenant des hautes chaînes des Alpes centrales, se trouvent sur les chaînes calcaires de la Chartreuse et du Villard-de-Lans, à des hauteurs qui, généralement, ne dépassent pas 1200 mètres au-dessus du niveau de la mer (p. 51).

Indépendamment des failles qui les ont disloqués en grandes bandes parallèles à la direction générale des chaînes, les terrains de la Chartreuse ont été fortement redressés, contournés et brisés par des ploiements énergiques; ils forment ainsi des chaînes multipliées, des crêtes, des cirques, des vallées de ploiement, quoique ce dernier accident s'y présente bien rarement avec la régularité et la simplicité des vallées du Jura (p. 56).

Si l'on embrasse d'un coup d'œil les chaînes occidentales du Dauphiné, on pourra tirer la conclusion suivante :

L'océan jurassique a couvert uniformément ces contrées pendant le dépôt de l'étage oxfordien; mais, à partir de cette période, le fond de la mer a dû éprouver un mouvement continu d'exhaussement du côté des Alpes, d'affaissement dans l'emplacement actuel du Jura. Les assises jurassiques supérieures se sont déposées successivement, chacune en retrait par rapport aux précédentes, la mer jurassique est allée en se retirant et a concentré ses derniers dépôts sur l'emplacement actuel du Jura (p. 72).

A ce moment, les eaux de la mer s'étaient complétement

retirées, et le commencement de la période néocomienne nous représente un nouvel envahissement de l'Océan par suite de vastes affaissements du sol jurassique; tandis que, par contre-coup, ce même terrain était soulevé dans les Alpes centrales...... (p. 73). Celles-ci formèrent le rivage de la mer crétacée dans laquelle se déposèrent successivement le terrain néocomien, le gault et la craie.

Entre les terrains crétacés et la molasse, il y a une grande lacune dans la succession des formations; l'absence complète du terrain nummulitique dans le département de l'Isère, celui de la Drôme et une grande partie des Hautes-Alpes, prouve que ces contrées furent élevées au-dessus des eaux pendant toute la première période tertiaire..... Puis sont survenus un grand affaissement et un envahissement de la mer qui a déposé la molasse. Ce nouveau mouvement du sol a eu lieu en sens inverse de celui qui a précédé la période nummulitique; le bassin nummulitique s'est trouvé entièrement émergé, et c'est la partie occidentale du massif crétacé, précédemment à sec, qui a été envahie par les eaux (pp. 76 et 77).

Malgré ces diverses révolutions, les grands accidents du massif de la Chartreuse n'étaient que faiblement indiqués avant le dépôt de la molasse; la faille de Voreppe est postérieure à ce dépôt, et l'inclinaison actuelle des couches jurassiques et crétacées est due presque uniquement à ce dernier et principal soulèvement qui a suivi la formation de la molasse, le *soulèvement des Alpes occidentales,* si nettement défini par M. Elie de Beaumont.

Plus tard, les alluvions anciennes ont été formées par des cours d'eau qui suivaient exactement les vallées actuelles, et quelle que soit la cause du transport des débris erratiques, leur distribution suffit pour montrer que la configuration générale du sol était la même qu'aujourd'hui; qu'elle n'a été qu'à peine modifiée par les effets lents et restreints du creusement ou du comblement des vallées (p. 80 et 81).

ZOOLOGIE.

Dans l'ordre des mammifères, on trouve, dans les grandes forêts de la Chartreuse : l'ours, qui s'y montre assez rarement;

le loup, qui est plus abondant ; le chamois, et plusieurs autres
animaux qui habitent les hautes montagnes. Parmi les oiseaux,
on trouve l'aigle, le milan, et plusieurs autres oiseaux de
proie ; deux espèces de tétras, appelées vulgairement *faisan* et
jalabre ; la perdrix bartavelle et la perdrix rochassière, ainsi
qu'un grand nombre d'oiseaux de passage.

Dans l'ordre des poissons, les ruisseaux présentent la truite
fario, commune dans toutes les eaux froides et rapides. Le
lavaret, très-rare dans le Drac et dans l'Isère, est assez
abondant dans le Guiers, surtout en hiver.

Parmi les mollusques, on trouve à la Grande-Chartreuse
plusieurs espèces d'*hélice*, et un assez grand nombre de
mollusques testacés indiqués dans un ouvrage du docteur
Albin Gras (1).

Enfin, les montagnes de la Grande-Chartreuse offrent à
l'entomologiste une riche collection d'insectes des genres
cicindela. *cychrus*, *chlœnius*, *hygrobia*, *vellicus*, *eurythyrea*,
campylus, *ludius*, *atopa*, *cantharis*, *hylecœtus*, *necrophorus*,
etc., et parmi les coléoptères pentamères ; — des genres
diaperis, *pyrochroa*, *asclera*, parmi les hétéromères ; — des
genres *anthribus*, *tropideres*, *platyrhinus*, *hylobius*, *pissodes*,
bolaninus, *callidium*, *monohammus*, *phytœcia*, *pachyta*, etc.,
parmi les coléoptères tétramères ; — des genres *cocci-
nella*, *endomychus*, etc., parmi les trimères. Dans la section des insectes orthoptères on trouve les diverses espèces
des genres *ephippiger*, *gryllotalpa*, *acridium*, etc. — Enfin,
dans les autres sections, notamment parmi les lépidoptères,
on trouve un grand nombre d'espèces diverses de papillons
diurnes et nocturnes, à l'égard desquels il faut recourir aux
ouvrages spéciaux.

OURSINS FOSSILES (1).

Cyphosoma paucituberculatum, *Gras.* — Calcaire marneux,

(1) Ce catalogue est extrait de la *Description des Oursins fossiles du
département de l'Isère*, par M. Albin Gras, 1 vol. in-8º, prix : 6 fr.
(V. l'article BIBLIOGRAPHIE, pag. 158.)

ermitage de la montagne de Néron. — T. néocomien inf.—
Rare. — Pag. 36-1.

Diadema Carthusianum, *Gras.* — Chemin de Saint-Laurent-
du-Pont à la Grande-Chartreuse, à un quart d'heure au-
dessus de la porte de l'OEillette, dans les marnes. — T.
néocomien sup. — Pag. 34-5.

Dysaster anasteroides, *Leym.*, *Ag.*, *Desor.* — Marnes de l'ermitage de Néron. — T. néocomien inf. — Pag. 67-4.

Dysaster globulus, *Gras.* — Au-dessus des marnes de l'ermitage du mont Néron. — T. néocomien sup. — Rare. —
Pag. 68-6.

Echinolampas scutiformis, *Ch. Desm.*, *Lam.*, *Ag.* — Saint-
Jullien - de - Raz. — Molasse. — T. tertiaire moyen. —
Pag. 52-2.

Holectypus neocomensis, *Gras.* — Couche marneuse au-dessus de la porte de l'OEillette. — Pag. 42-3.

Nucleolites Roberti, *Gras.* — Chemin de la Grande-Chartreuse à la porte de l'OEillette. — Assez rare. — T. néocomien sup. — Pag. 48-1.

Pygaulus depressus, *Ag.*, *Desor.* — Porte de l'OEillette,
mont Néron. — T. néocomien sup. — Commune. —
Pag. 49-1.

Pyrina Pygæa, *Ag.*, *Desor.*— Marnes de l'ermitage de Néron.
— Pag. 45-1.

Toxaster complanatus, *Ag.*, *Desor.* — Sur le revers du mont
Néron; marnes de l'ermitage du mont Néron, porte de
l'OEillette. — Pag. 58-2.

Toxaster Gibbus, *Ag.*, *Desor.* — Marnes de l'ermitage de
Néron, Grande-Chartreuse. — Pag. 59-3.

Toxaster oblongus, *Ag.* — Chemin de St-Laurent-du-Pont à
la Grande-Chartreuse, à un quart d'heure de la porte de
l'OEillette, dans une couche marneuse. — T. néocomien
sup. — Pag. 59-4.

MOLLUSQUES FLUVIATILES ET TERRES-TRES (1).

Mollusques fluviatiles.

Limnée ventrue. Limnea auricularia, *Mich.* (Lymneus auricularius, *Drap.*) — Lac de Saint-Jullien-de-Raz, près Voiron. — Pag. 61-1.

Mollusques terrestres.

Ambrette amphibie. Succinea amphibia, *Drap.* — Lieux marécageux, bords des sources, Saint-Laurent-du-Pont. — Pag. 40-1.

Bulime montagnard. Bulimus montanus, *Drap.* — Dans les bois, sous les feuilles mortes. — Pag. 41-2.

Bulime radié. Bulimus radiatus, *Brug.* — Ermitage, sous Néron. — Pag. 41-1.

Clausilie douteuse. Clausilia dubia, *Drap.* — Dans les forêts, sous les arbres. — Pag. 44-2.

Clausilie ventrue. Clausilia ventricosa, *Drap.* — Lieux humides, troncs d'arbres, broussailles. — Pag. 45-5.

Cyclostome des bruyères. Cyclostoma apricum (obscurum), *Mousson.* — Lieux arides. — Pag. 55-4.

Hélice Alpine. Helix Alpina, *Ferrussac.* — Sur les rochers, jusque sur la neige. — Pag. 35-34.

Hélice bidentée. Helix bidentata, *Ferrussac.* — Dans les forêts, sous les feuilles mortes. — Rare. — Pag. 23-1.

Hélice douteuse. Helix incarnata, *Muller.* — Bois. — Assez rare. — Pag. 31-20.

Hélice édentée. Helix edentula, *Drap.* — Pag. 23-2.

Hélice de Fontenille. Helix Fontenillii, *Michaud.* — Près de Voreppe, à l'entrée du désert, du côté du Sappey. — Pag. 37-38.

Hélice grimace. Helix personata, *Lamarck.* — Fentes de rochers garnis de mousses. — Pag. 30-17.

Hélice des jardins. Helix hortensis, *Muller.* — Lieux ombragés. — Pag. 29-15.

---

(1) Ce catalogue est extrait de la *Description des Mollusques fluviatiles et terrestres de la France, et plus particulièrement du département de l'Isère*, par M. Albin Gras; 1 vol. in-8°, avec planches, prix: 5 fr. (V. BIBLIOGRAPHIE, pag. 158.)

Hélice plébéïe. Helix plebeia.—Lieux ombragés.—Pag. 33-26.

Hélice porphyre. Helix arbustorum, *Lin*.—St-Eynard.— Pag. 26-11.

Hélice soyeuse. Helix holosericea, *Ferrussac*. — Montagnes élevées. — Pag. 38-41.

Hélice sylvatique. Helix sylvatica, *Drap*. — Pag. 27-13.

Hélice unidentée. Helix unidentata, *Drap*.—Rare.—Pag. 23-3.

Maillot baril. Pupa dolium, *Drap*. — Lieux ombragés, mousses. — Rare. — Pag. 47-5.

Maillot seigle. Pupa secale, *Drap*. — Mousses. — Pag. 49-10.

Maillot tridenté. Pupa tridens, *Drap*. — Pag. 51-16.

Vitrine globuleuse. Vitrina sub-globosa, *Michaud*. — Rare. — Pag. 22-2.

COLÉOPTÈRES.

Nota. L'enclos de la Grande-Chartreuse peut être regardé comme une des meilleures localités du département. L'énumération complète des coléoptères qui l'habitent serait celle des insectes de toutes les Alpes dauphinoises. Nous ne mentionnerons donc que les espèces les plus belles ou les plus rares.

Carabiques.

Cicindela sylvicola, *Mégerle*. — Forêt de Portes et de la Chartreuse, sur les chemins.

Cymindis humeralis, *Fab*. — Le Vallon, sous les pierres ou sous les mousses.

Lebia fulvicollis, *Fab*. — *Id*.

Lebia rufipes, *Dej*. — Aspremont, près Saint-Pierre, sous les pierres.

Dyschirius æneus, *Ziégl*. — Le Vallon, sous les pierres.

Dyschirius nitidus, *Dej*. — *Id*.

Cychrus rostratus, *Fab*. — Forêts de la Chartreuse et de Portes, sous les mousses ou les feuilles tombées.

Cychrus attenuatus, *Fab*. — *Id*.

Carabus catenulatus, *Fab*. — Vallon, sous les pierres.

Carabus cancellatus, *Illig*. — *Id*.

Carabus granulatus, *Lin*. — Col de Bovinant, sous les pierres.

Carabus auronitens, *Fab*. — Forêts, sous les pierres, la mousse, ou l'écorce des arbres morts.

Carabus purpurascens, *Fab.* — Vallon, sous les pierres ou au pied des arbres.

Carabus violaceus, *Fab.* — Forêts, sous les pierres ou sous les mousses. —Rare.

Carabus glabratus, *Fab.* — *Id.*

Carabus hortensis, *Fab.* — *Id.*

Carabus convexus, *Fab.* — *Id.*

Carabus sylvestris, *Fab.* — *Id.*

Carabus cyaneus, *Fab.* — Dans les bois ou sur les chemins.

Leistus fulvibarbis, *Hoffmansegg.* — Le Sappey, sous les pierres.

Nebria picicornis, *Fab.* — Dans les forêts, sous les écorces d'arbres pourris ou les détritus. — Rare.

Nebria castanea, *Bon.* — *Id.*

Elaphrus littoralis, *Még.* — Prairies marécageuses de Saint-Pierre.

Notiophilus aquaticus, *Fab.* — Sous les pierres et sous les feuilles, dans les bois.

Notiophilus biguttatus, *Dej.* — *Id.*

Panagæus crux-major, *Fab.* — Au pied des arbres et sous les pierres, au Sappey, et sans doute aussi à la Chartreuse.

Callistus lunatus, *Fab.* — *Id.*

Chlænius holosericeus, *Fab.* — Dans les bois, sous la mousse.

Agonum 6-punctatum, *Fab.* — Prairies un peu marécageuses en dessous de Saint-Pierre.

Agonum lugubre, *Andersch.* — *Id.*

Pœcilus lepidus, *Fab.* — Le Vallon, sous les pierres.

Pœcilus viaticus, *Bon.* — *Id.*

Omaseus nigritus, *Fab.* — Dans les lieux frais des bois, sous les pierres. — Rare.

Omaseus minor, *Dej.* — *Id.*

Platysma picimana, *Creutz.* — Sous les pierres, autour du couvent.

Platysma oblongo-punctata, *Fab.* — *Id.*

Pterostichus fasciato-punctatus, *Fab.* — Dans les forêts, sous les pierres, dans le voisinage des fourmilières, ou sous les écorces des vieilles souches pourries.

Pterostichus parum-punctatus, *Dej.* — *Id.*

Pterostichus rutilans, *Bon.* — *Id.*

Pterostichus Prevostii, *Dej.* — *Id.*
Pterostichus externe-punctatus, *Sturm.* — *Id.*
Pterostichus metallicus, *Fab.* — *Id.*
Abax striola, *Fab.* — Forêts de Portes et de la Chartreuse,
sous les pierres.
Abax ovalis, *Még.* — *Id.*
Molops terricola, *Fab.* — *Id.*
Harpalus monticola, *Dej.* — Le Vallon, sous les pierres.
Harpalus punctulatus, *Duftschm.* — *Id.*

Hydrocanthares.

Hygrobia Hermanni, *Fab.* — Dans le réservoir du moulin, en
face du couvent.
Agabus paludosus, *Fab.*—Dans les eaux stagnantes. — Rare.
Agabus chalconatus, *Panz.* — *Id.*

Palpicornes.

Ochthebius granulatus, *Muls.* — Dans les eaux vives du
Guiers qui traverse le désert de la Chartreuse. Cramponnés
aux pierres.
Ochthebius gibbosus, *Muller.* — *Id.*

Brachélytres.

Emus maxillosus, *Fab.* — Cadavres en décomposition.
Emus hirtus, *Fab.* — *Id.*
Emus nebulosus, *Fab.* — *Id.*
Microsaurus fuliginosus, *Gravenhorst.* — Cadavres en dé-
composition, et matières fécales.
Microsaurus nitidus, *Fab.* — *Id.*
Staphylinus ebeninus, *Grav.* — *Id.*
Staphylinus æneus, *Grav.* — *Id.*

NOTA. — Un très-grand nombre de petits brachélytres se rencontrent
sur les fleurs, les champignons, les bolets, dans les fumiers et les matières fécales. Plusieurs espèces nouvelles trouvées à la Chartreuse
ont été récemment décrites par le savant entomologiste lyonnais Mulsant (Opuscules, 1er cahier).

Sternoxes.

Dicerca ænea, *Lin.* — Sur les troncs abattus, dans les forêts ou les scieries à bois.

Ancylocheira rustica, *Fab.* — *Id.*

Ancylocheira punctata, *Fab.* — *Id.*

Ancylocheira flavomaculata, *Fab.* — *Id.*

Eurythyrea micans, *Fab.* — *Id.* — Rare.

Chrysobothris chrysostigma, *Fab.* — *Id.*

Chrysobothris affinis, *Fab.* — *Id.*

Cratonychus obscurus, *Fab.* — Dans les prairies, rarement sur les arbres abattus.

Cratonichus niger, *Fab.* — *Id.*

Agrypnus fasciatus, *Lin.* — Forêts de Portes et de la Chartreuse. — Rare.

Athous Dejeanii, *Yvan.* — Prairies élevées du désert et du Vallon.

Athous tenebricosus, *Dej.* — *Id.*

Athous vittatus, *Fab.* — *Id.*

Campylus denticollis, *Fab.*—Gorges de la Chartreuse, près des scieries à bois, et dans le Vallon, sur les troncs d'arbres abattus.

Campylus linearis, *Fab.* — *Id.*

Campylus mesomelas, *Fab.* — *Id.*

Ampedus crocatus, *Ziégl.* — Prairies du couvent, sur les graminées.

Ampedus præustus, *Fab.* — *Id.*

Ludius aulicus, *Panz.* — Montagnes au-dessus de la Chartreuse, sous les feuilles de la *scrofularia Hopii.* — Rare.

Ludius signatus, *Panz.* — Prairies de la Chartreuse et de Portes. — Rare.

Ludius cupreus, *Fab.* — *Id.*

Ludius pectinicornis, *Fab.* — *Id.*

Ludius tessellatus, *Fab.* — *Id.*

Ludius holosericeus, *Fab.* — *Id.*

Ludius æneus, *Fab.* — *Id.*

Ludius metallicus, *Paykull.* — *Id.*

Malacodermes.

Atopa cervina, *Fab.* — Le Vallon, sur les fleurs.

Atopa cinerea, *Fab.* — *Id.*

Lygistopterus sanguineus, *Fab.* — Sur les ombelles, et surtout sur les panicules du *sambucus ebulus*, autour du couvent.

Dyctyopterus aurora, *Fab.* — *Id.*

Dyctyopterus minutus, *Fab.* — *Id.*

Dyctyopterus rubens, *Még.* — Sur les fleurs ou sur les arbres abattus.

Omalisus suturalis, *Fab.* — Sur les plantes et sur les fleurs. — Rare.

Telephorus violaceus, *Paykull.* — Dans le Vallon, sur les plantes.

Telephorus tristis, *Fab.* — *Id.*

Telephorus bicolor, *Fab.* — *Id.*

Malthinus flavus, *Dej.* — *Id.*

Malachius fasciatus, *Lin.* — Autour du couvent, sur les graminées.

Malachius thoracicus, *Fab.* — *Id.*

Térédyles.

Dasytes cæruleus, *Fab.* — Le Vallon, sur les graminées.

Dasytes subæneus, *Schönherr.* — *Id.*

Notoxus mollis, *Fab.* — Sur les arbres abattus et dans le vieux bois, près la chapelle de Saint-Bruno.

Clerus mutillarius, *Fab.* — *Id.*

Lymexylon navale, *Fab.* — *Id.* — Rare.

Hylecætus dermestoides, *Fab.* — Sur les hêtres.

Clavicornes.

Necrophorus germanicus, *Fab.* — Dans les cadavres en décomposition.

Necrophorus humator, *Fab.* — *Id.*

Necrophorus mortuorum, *Fab.* — *Id.*

Silpha thoracica, *Fab.* — Dans les bolets ou les cadavres en décomposition, et au pied des vieilles souches de sapins.

Silpha alpina, *Bon.* — Sur les corps morts, à Bovinant.

Peltis grossa, *Fab.* — Dans les champignons.

Thymalus limbatus, *Fab.* — *Id.*

Scaphidium quadrimaculatum, *Fab.* — *Id.* — Rare.

Scaphidium immaculatum. *Fab.* — *Id.* — Rare.

Strongylus ferrugineus, *Fab.* — Forêt de Portes, dans les bolets.

Nosodendron fasciculare, *Fab.* — Forêts, dans les plaies d'arbres et sous les mousses.

Byrrhus dorsalis, *Fab.* — Sous les mousses ou sous les pierres, dans le Vallon.

Byrrhus nitens, *Fab.* — *Id.*

Lamellicornes.

Onthophagus ovatus, *Lin.* — Le Vallon, dans les bouses.

Coprimorphus scrutator, *Herbst.* —*Id.* — Rare.

Aphodius rubens, *Dej.* — Pâturages de Bovinant. Matières fécales.

Aphodius exiguus, *Mulsant.* — Pâturages du Vallon. — *Id.*

Aphodius rufescens, *Fabr.* — *Id.*

Aphodius sericatus, *Ziégl.* — *Id.*

Geotrupes sylvaticus, *Panz.* — Forêts de la Chartreuse, dans les mousses, rarement dans les bouses.

Geotrupes vernalis, *Lin.* — *Id.*

Geotrupes splendens, *Muls.* — *Id.*

Gnorimus nobilis, *Lin.* — Sur les fleurs en ombelles ou les panicules du *sambucus ebulus*, dans le Vallon et les bois.

Trichius fasciatus, *Lin.* — *Id.*

Trichius gallicus, *Dej.* — *Id.*

Tarandus tenebrioides, *Fab.* — Dans les troncs abattus de sapins pourris, dans les forêts.

Sinodendron cylindricum, *Lin.* — Forêts, sur les troncs vermoulus des hêtres.

Mélasomes.

Asida Dejeanii, *Sol.* — Le Sappey. (Espèce méridionale.) — Très-rare.

Taxicornes.

Diaperis boleti, *Fab.* — Dans les bolets.

Bolitophagus crenatus, *Fab.* — *Id.*

Tetratoma fungorum, *Fab.* — *Id.*

Hypophlœus bicolor, *Fab.* — *Id.*

Hypophlœus depressus, *Fab.* — *Id.*

Ténébrionites.

Pytho depressus, *Lin.* — Espèce rare que l'on trouve sous

les écorces d'arbres dans les forêts élevées de la Chartreuse.

Hélopiens.

Omophlus pinicola, *Még.* — Forêt de Portes, sur les troncs d'arbres. — Rare.

Helops barbatus, *Lat.* — Au pied des vieux troncs de sapins. — Rare.

Trachélydes.

Pyrochroa coccinea, *Fab.* — Le Vallon, sur les plantes et sur les troncs abattus.

Pyrochroa rubens, *Fab.* — Id.

Pyrochroa pectinicornis, *Fab.* — Id.

Sténélythres.

Calopus serraticornis, *Fab.* — Dans la forêt de Portes. Doit se trouver aussi dans les bois de la Chartreuse. — Très-rare.

Asclera cœrulescens, *Fab.* — Le Vallon, sur les plantes.

Asclera viridissima, *Fab.* — Id.

Asclera sanguinicollis, *Fab.* — Id.

Cucurlionites ou Charançons.

Anthribus albinus, *Fab.* — Dans le vieux bois ou sur les troncs; quelquefois sur les feuilles des arbres.

Anthribus v. niveirostris, *Ziégl.* — Id.

Tropideres albirostris, *Fab.* — Id.

Tropideres niveirostris, *Fab.* — Id.

Platyrhinus latirostris, *Fab.* — Id.

Brachytarsus scabrosus, *Fab.* — Id.

Apoderus coryli, *Fab.* — Sur le noisetier, au Sappey, et à Cottave, en dessous de Portes.

Apoderus avellanæ, *Lin.* — Id.

Liophlœus nubilus, *Fab.* — Le Vallon, sous les feuilles tombées.

Minyops variolosus, *Fab.* — Le Vallon, sous les pierres.

Hylobius pineti, *Fab.* — Forêts, dans les troncs vermoulus des pins et des sapins.

Hylobius abietis, *Fab.* — Id.

Hylobius fatuus, *Rossi.* — Id. — Rare.

Molytes germanus, *Lin.* — Sous les pierres ou au pied des haies, dans le Vallon.

Molytes v. fuscomaculatus, *Dej.* — *Id.*

Plinthus caliginosus, *Fab.* — Sous les pierres, autour du couvent.

Otiorhynchus ovatus, *Lin.* — Sous les pierres.

Otiorhynchus raucus, *Fab.* — *Id.*

Otiorhynchus tenebricosus, *Herbst.* — *Id.*

Otiorhynchus unicolor, *Herbst.* — *Id.*

Otiorhynchus scabrosus, *Marsh.* — *Id.*

Pissodes pini, *Fab.* — Forêts, dans les troncs vermoulus des pins et des sapins, ou sur les feuilles de ces arbres.

Pissodes notatus, *Fab.* — *Id.*

Thamnophilus ærasi, *Lin.* — *Id.*

Balaninus rubidus, *Dej.* — Sur les feuilles, dans les bois et les buissons.

Balaninus crux, *Fab.* — *Id.*

Orchestes fagi, *Gyllenh.* — *Id.*

Cryptorynchus lapathi, *Fab.* — Dans les bois, sur les *rumex alpinus* et *nemolapathum.*

Xylophages.

Hylurgus ater, *Fab.* — Dans les troncs des pins et des sapins morts.

Hylurgus piniperda, *Fab.* — *Id.*

Hylesinus crenatus, *Fab.* — A Bovinant, dans le bois mort. — Très-rare.

Bostrichus bidens, *Fab.* — Dans les sapins vermoulus, à Portes. — Rare.

Bostrichus bispinus, *Még.* — *Id.*

Apate capucina, *Fab.* — Sur les sapins abattus.

Apate tridentala, *Oliv.* — Dans les hêtres morts.

Mycetophagus 4-maculatus, *Fab.* — Dans les champignons et les bolets.

Mycetophagus variabilis, *Gyllenh.* — *Id.*

Sylvanus sexdentatus, *Fab.* — Forêts, sous les écorces des bois morts.

Longicornes.

Spondylis buprestoides, *Fab.* — Vieilles souches de pins ou de sapins.

Rosalia alpina, *Lin*. — Le plus bel insecte des Alpes. Sur les hêtres et les sapins, au Pont-Pérant, et dans les forêts au-dessus du couvent.

Ropalopus insubricus, *Ziégl*. — Sur les troncs de sapins, dans les forêts situées en dessous du col de Bovinant. — Rare.

Callidium violaceum, *Lin*. — Forêts de la Grande-Chartreuse, sur les débris de sapins.

Callidium dilatatum, *Paykul*. — *Id*.

Callidium coriaceum, *Paykul*. — *Id*. — Plus rare.

Callidium sanguineum, *Lin*. — *Id*.

Prionus coriarius, *Lin*. — Sur les troncs des sapins, dans les forêts sous Bovinant. — Rare.

Prionus Faber, *Fab*. — *Id*. — Mentionné à la Chartreuse peut-être à tort.

Criomorphus aulicus, *Fab*. — Sous l'écorce des sapins et des pins abattus.

Asemum striatum, *Lin*. — Dans les vieilles souches de sapins et de pins.

Criocephalus rusticus, *Lin*. — *Id*.

Platynotus arcuatus, *Lin*. — Sur les planches, dans les scieries.

Clytus arietis, *Lin*. — *Id*., ou sur les fleurs. — Rare.

Obrium cantharinum, *Lin*. — Sur les fleurs en ombelles, dans les bois.

Molorchus dimidiatus, *Fab*. — Dans les troncs de sapins ou sur les ombelles du *chœrophyllum odoratum*, dans le Vallon. — Rare.

Molorchus umbellatarum, *Lin*. — Sur les fleurs en ombelles.

Stenopterus rufus, *Lin*. — *Id*.

Monohammus sartor, *Fab*. — Dans les hautes forêts de sapins, sur les arbres abattus.

Monohammus sutor, *Lin*. — *Id*.

Ædilis montana, *Serv*. — Sur les pins et les sapins. — Rare.

Ædilis atomaria, *Fab*. — *Id*. — Rare.

Ædilis grisea, *Fab*. — *Id*.

Exocentrus cinereus, *Muls*. — Sur les troncs des hêtres.

Pogonocherus hispidus, *Oliv*. — Sur les pins et les sapins.

Stenostola nigripes, *Fab*. — Sur le *sambucus ebulus*. — Rare.

Agapanthia marginella, *Fab*. — Sur les plantes, dans le Vallon.

Oberea linearis, *Lin*. — Sur le *corylus avellana*.

Phytœcia affinis, *Panz*. — Le Vallon, sur les ombellifères.

Rhagium bifasciatum, *Fab.* — Sur les troncs de sapins abattus et sur les ombelles.

Rhagium mordax, *Fab.* — Sur les troncs abattus et récemment écorcés.—Rare.

Rhagium inquisitor, *Lin.* — Sur les troncs abattus et sur les ombelles.

Rhagium indagator, *Fab.* — *Id.*

Toxotus cursor, *Lin.* — Sur les arbres morts, dans les forêts.

Toxotus v. Verneuilii, *Muls.* — *Id.*

Toxotus meridianus, *Gyll.* — *Id.*— Rare.

Pachyta clathrata, *Fab.* — Sur les fleurs en ombelles, dans le Vallon, ou sur celles de la *gentiana lutea*, dans les prairies supérieures.

Pachyta 12-maculata, *Fab.* — *Id.*

Pachyta 4-maculata, *Lin.* — *Id.*

Pachyta virginea, *Lin.* — *Id.*

Pachyta collaris, *Lin.* — *Id.*

Strangalia aurulenta, *Fab.* — Mêmes lieux que les précédentes espèces, et souvent dans les scieries, sur les bois.

Strangalia quadrifasciata, *Lin.* — *Id.*

Strangalia pubescens, *Fab.*—*Id.*

Strangalia atra, *Fab.* — *Id.*

Strangalia armata, *Herbst.* — *Id.*

Strangalia nigra, *Lin.* — *Id.*

Leptura virens, *Lin.* — Sur les fleurs en ombelles, surtout celles du *sambucus ebulus*, autour du couvent.

Leptura rubrotestacea, *Illig.* — Sur les fleurs en ombelles et dans les scieries.

Leptura rufipennis, *Muls.* — Sur les fleurs en ombelles, à Saint-Bruno. — Très-rare.

Leptura scutellata, *Fab.* — Sur les fleurs, dans les forêts.

Leptura cincta, *Gyll.* — *Id.*

Anoplodera lurida, *Fab.* — Sur les fleurs, dans le Vallon.

Grammoptera lævis, *Fab.* — *Id.*

Chrysomélines.

Cassida murræa, *Fab.* — Sur les plantes, dans les prairies du Vallon.

Cassida vibex, *Fab.* — *Id.*

Chrysomela hæmoptera, *Fab.* — Sur les graminées, dans les prairies du Vallon.

Chrysomela ganksii, *Fab.* — *Id.*

Chrysomela cœrulea, *Méj.* — *Id.*

Chrysomela staphylæa, *Fab.* — *Id.*

Chrysomela menthæ, *Schott.* — Sur la *mentha sylvestris*, dans les bois, en dessous de Saint-Bruno.

Oreina cacaliæ, *Schrank.* — Dans les bois, sur les *sonchus* et les *cacalia*.

Oreina gloriosa, *Fab.* — *Id.*

Oreina gloriosissima, *Még.* — *Id.*

Oreina venusta, *Dej.* — *Id.*

Eumolpus pretiosus, *Fab.* — Sur les arbrisseaux, et surtout sur l'*asclepias vincetoxicum*.

Luperus pinicola, *And.* — Dans les bois en dessous de Bovinant. — Rare.

Coccinelles.

Lycoperdina cruciata, *Fab.* — Prairies supérieures de Bovinant.

FLORE.

L'indication des plantes qui croissent dans les montagnes de la Grande-Chartreuse est faite d'après la *Flore du Dauphiné* de Mutel. Nous présentons d'abord le catalogue des plantes qui se trouvent autour du couvent et sur les montagnes qui l'avoisinent, parmi lesquelles nous comprenons le Grand-Som. — Ensuite nous indiquons séparément les plantes qui croissent dans chacun des autres quartiers, tels que les montagnes de Bovinant, de Charmant-Som, de Chame-Chaude et de Saint-Eynard. Les plantes sont rangées par ordre alphabétique, avec indication de la commune dans le territoire de laquelle chaque quartier de montagne est situé.

§ 1. *Désert de la Grande-Chartreuse et montagne du Grand-Som.*

Le couvent de la Grande-Chartreuse et les montagnes qui l'environnent sont situés sur la commune de Saint-Pierre-de-Chartreuse.

En s'y rendant par le chemin principal qui passe à Saint-

Laurent-du-Pont, on traverse une partie du territoire des communes de Saint-Laurent-du-Pont et de Saint-Pierre-de-Chartreuse.

En allant au couvent par le chemin du Sappey, on passe sur le territoire des communes du Sappey, de Sarcenas et de Saint-Pierre-de-Chartreuse.

Si l'on veut parcourir la partie au nord des montagnes de la Grande-Chartreuse, on peut se rendre du couvent à Saint-Pierre-de-Chartreuse, et de là, à Saint-Pierre-d'Entremont; puis on traverse le territoire de la commune de Saint-Christophe-entre-deux-Guiers en passant par le chemin du *Frou* qui aboutit à la route des Echelles à Saint-Laurent-du-Pont.

Voici le catalogue des plantes qui se trouvent au Désert et dans les montagnes environnantes :

Achillée à grandes feuilles, Achillea macrophylla (jt. at.), L.

Aconit anthora, Aconitum anthora (jt. at), L.

Aconit en panicule, Aconitum paniculatum (j. jt.), L.

Aconit tue-loup, Aconitum lycoctonum (jt. at.), L.

Actée en épi, Actea spicata (m. j.), L.

Ail victoriale, Allium victorialis (jt. at.), L.

Airelle ponctuée, Vaccinium vitis-idæa (m. j.), L.

Androsace velue, Androsace villosa (j. jt.), L.

Androsème officinale, Androsæmum officinale (j. jt.), Mut.

Anthrisque sauvage, Anthryscus sylvestris (av.-j.), Mut.

Anthyllide de montagne, Anthyllis montana (j. jt.), L.

Arbousier des Alpes, Arbutus alpina (jt. at.), L.

Armoise absinthe, Artemisia absinthium (jt. at.), L.

Aspidie à cils raides, Aspidium aculeatum (jt. at.), L.

Aspidie fougère mâle, Aspidium felixmas (j. jt.), L.

Aspidie fragile, Aspidium fragile (j. jt.), L.

Aspidie glanduleuse, Aspidium oreopteris (été), Mut.

Aspidie de montagne, Aspidium montanum (jt. at.), Mut.

Aspidie à pétioles dilatées, Aspidium dilatatum (été), Mut.

Aspidie raide, Aspidium rigidum (j. jt.), Mut.

Astragale pois-chiche, Astragalus cicer (m.-jt.), L.

Astrance fluette, Astrantia minor (j. jt.), L.

Astrance à grandes feuilles, Astrantia major (j.-at.), L.

Avoine de montagne, Avena montana (j. jt.), Mut.

Belladone vénéneuse, Atropa belladonna (j.-at.), L.

Benoîte queue de renard, Betonica alopecuros (jt. at.), L.

Botryche, petite lunaire, Botrychium lunaria (m.-jt.), L.

Boucage à grandes feuilles, Pimpinella magna (m.-s.), L.

Brome élancé, Bromus giganteus (jt. at.), L.

Brome rude, Bromus asper (jt. at.), L.

Buplèvre à feuilles longues, Buplevrum longifolium (jt. at.), L.

Buplèvre renoncule, Buplevrum ranunculoides (jt. at.), L.

Campanule barbue, Campanula barbata (jt. at.), L.

Campanule fausse cervicaire.

Campanula cervicarioides (m. j.), Mut.

Campanule à feuilles de lin, Campanula linifolia (jt. at.), L.

Campanule fluette, Campanula pusilla (j. jt.), Mut.

Campanule à larges feuilles, Campanula latifolia (jt. at.), Mut.

Campanule en tête, Campanula cervicaria (j.-at.), L.

Campanule en thyrse, Campanula thyrsoides (j. jt.), L.

Canche en gazon, Aira cæspitosa (m. j.), L.

Cardamine faux-pygamon, Cardamine thalictroides (j.jt.), Mut.

Cardamine impatiente, Cardamine impatiens (m.), L.

Carex espacé, Carex distans (m. j.), L.

Carex toujours vert, Carex sempervirens (m. j.), Mut.

Cerfeuil hérissé, Chærophyllum hirsutum (j -at.), L.

Cétérach cilié, Ceterach phegopteris (j. jt.), L.

Cétérach de Suisse, Ceterach rhæticum (été.), L.

Chardon fausse bardane, Carduus personata (jt.-s.), Mut.

Ciguë tachée, Conium maculatum (j.-at.), L.

Circée des Alpes, Circæa alpina (j.-at.), L.

Circée intermédiaire, Circæa intermedia (j.-at), L.

Cirse très-épineux, Cirsium spinosissimum (jt. at.), Mut.

Coronille de montagne, Coronilla montana (jt.), Mut.

Crapaudine crénelée, Sideritis scordioides (j.jt.), L.

Crépide à feuilles de blattaire, Crepis blattarioides (j. jt.), Mut.

Crépide de montagne, Crepis montana (j.-at.), Mut.

Czackie lys de St-Bruno, Czackia liliastrum (m. j.), Mut.

Dorine à feuilles alternes, Chrysosplenium alternifolium (m.), L.

Doronic à grandes fleurs, Doronicum grandiflorum (j. jt.), L.

Dryas à huit pétales, Dryas octopetala (j.-at.), L.

Elyme d'Europe, Elymus europæus (j.-s.), L.

Epervière de Jacquin, Hieracium Jacquini (jt. at.), Mut.

Epervière des marais, Hieracium paludosum (j. jt.), Mut.

Epiaire des Alpes, Stachys alpina (j. jt.), L.

Epilobe trigone, Epilobium trigonum (jt. at.), Mut.

Epipogon sans feuilles, Epipogium aphyllum (at. s.), Mut.

Erable sycomore, Acer pseudoplatanus (av. m.), L.

Fétuque des bois, Festuca sylvatica (j. jt.), Mut.

Fétuque élégante, Festuca pumila (jt. at.), Mut.

Fétuque à petites fleurs, Festuca ovina (m. j.), L.

Fétuque rouge, Festuca rubra (j.-at.), L.

Gaillet blanc, Galium mollugo (m.-at.), L.

Gaillet boréal, Galium boreale (j.-at.), L.

Gaillet de bruyères, Galium sylvestre (j. jt.), Mut.

Gaillet divariqué, Galium divaricatum (j -at.), Mut.

Gaillet à feuilles rondes, Galium rotundifolium (m. j.), L.

Gentiane des champs, Gentiana campestris (at. s.), L.

Gentiane ponctuée, Gentiana punctata (jt. at.), L.

Géranium des bois, Geranium sylvaticum (j.-at.), L.

Géranium herbe à Robert, Geranium robertianum (av.-at.), L.

Géranium brun, Geranium phæum (m. j.), L.

Globulaire à tige nue, Globularia nudicaulis (m.-jt.), L.

Goodyère rampante, Goodyera repens (jt. at.), Mut.

Gypsophile rampante, Gypsophila repens (j. jt.), L.

Héliosperme à quatre dents, Heliosperma quadrifida (at.), L.

Hélosciadie rampante, Helosciadium repens (jt.-s.), Mut.

Impatiente n'y touchez pas, Impatiens noli tangere (jt.-s.), L.

Impératoire commune, Imperatoria ostruthium (jt. at.), L.

Julienne des dames, Hesperis matronalis (m. j.), L.

Kœlérie à crête, Kœleria cristata (m. j.), Mut.

Lampsane fétide, Lampsana fœtida (j. jt.), Mut.

Linaire commune, Linaria vulga-
ris (jt. at.), L.
Liondent alpin, Leontodon Pyre-
naicus (j.-at.), Mut.
Lunaire vivace, Lunaria rediviva
(m. j.), L.
Luzule en épi, Luzula spicata (jt.
at.), Mut.
Lycopode à feuilles de genévrier,
Lycopodium annotinum (été),L.
Lysimaque des forêts, Lysimachia
nemorum (j. jt.), L.
Mélampyre des forêts, Melampy-
rum sylvaticum (été), L.
Mélinet glabre, Cerinthe glabra
(j. jt., oct. nov.), Mut.
Millepertuis frangé, Hypericum
Richeri (j. jt.), Mut.
Millepertuis nummulaire, Hyperi-
cum nummularium (jt.), L.
Millet étalé. Milium effusum (j.
jt.), L.
Molène noire, Verbascum nigrum
(j.-at.), L.
Monotrope sucepin, Monotropa
hypopitys (m.-jt.), L.
Mulgédie de plumier, Mulgedium
plumieri (jt. at.), L.
Myosotis des Alpes, Myosotis al-
pestris (j.-at.), L.
Myrrhe odorante, Myrrhis odo-
rata (m.-at.), L.
Néottie en cœur, Neottia cordata
(m. j.), L.
Néottie nid d'oiseau, Neottia ni-
dus avis (m. j.), L.
OEillet bleuâtre, Dianthus cæsius
(j. jt.), Mut.
OEillet de Montpellier, Diantus
monspessulanus (j. jt.), L.
OEillet de poète, Diantus barbatus (jt.), L.
Orobe jaune, Orobus luteus (m.-
jt.), L.
Orpin anacampseros, Sedum anacampseros (jt.-s.), L.
Passerage des Alpes, Lepidium
alpinum (j.-at.), L.
Patience des Alpes, Rumex alpinus (jt. at.), L.
Patience à feuilles de gouet, Rumex arifolius (jt.-s.), All.
Paturin des Alpes, Poa alpina
(été), L.
Paturin de Silésie, Poa sudetica
(j.-at.), Mut.
Pédiculaire à épi feuillé, Pedicularis foliosa (jt.), L.

Pédiculaire fibres renflées, Pedicularis tuberosa (jt. at.), L.
Pétrocalle des Pyrénées, Petrocallis pyrenaica (j.-at.), Mut.
Potentille luisante, Potentilla nitida (jt. at.), L.
Prénanthe à feuilles menues, Prenanthes tenuifolia (jt. at.). L.
Prénanthe pourpre, Prenanthes
purpurea (jt. at.), L.
Primevère auricule, Primula auricula (j.), L.
Primevère inodore, Primula ela-
tior (ms. av.), L.
Pyrole à feuilles rondes, Pyrola
rotundifolia (m. j.), L.
Pyrole à style court, Pyrola minor (m. j.), L.
Raiponce orbiculaire, Phyteuma
orbiculare (j.-at.), L.
Renoncule des Alpes, Ranunculus
alpestris (j. jt.), L.
Renoncule des bois, Ranunculus
nemorosus (j. jt.), Mut.
Renoncule dorée, Ranunculus au-
ricomus (av. m.), L.
Renoncule à feuilles d'aconit, Ra-
nunculus aconitifolius (m. j.),
L.
Renoncule laineuse, Ranunculus
lanuginosus (j. jt.), L.
Renouée bistorte, Polygonum bis-
torta (m.-jt.), L.
Sauge glutineuse, Salvia gluti-
nosa (jt. at.), L.
Saule à cinq étamines, Salix pen-
tendra (m. j.), L.
Saule émoussé, Salix retusa (jt.
at.), L.
Saule noircissant, Salix nigricans
(av.), Mut.)
Saxifrage à feuilles en coin, Saxi-
fraga cuneifolia (j. j.), L.
Saxifrage à feuilles rondes, Saxi-
fraga rotundifolia (jt.-at.), L.
Scabieuse des Alpes, Scabiosa alpina (jt. at.), L.
Scabieuse des bois, Scabiosa sylvatica (m.-s.), L.
Scabieuse des champs, Scabiosa
arvensis (m.-s.), L.
Scabieuse luisante, Scabiosa luci-
da (jt.-s), Mut.
Stellaire des bois, Stellaria nemorum (j. jt.), L.
Streptope à feuilles embarrassan-
tes, Streptopus amplexifolius
(jt. at.), Mut.

Trèfle gazonnant, Trifolium cæspitosum (av. m.), Mut.

Trolle boule d'or, Trollius Europeus (m. j.), L.

Tozzie des Alpes, Tozzia alpina (été), L.

Valériane d'Allioni, Valeriana Saliunca (j.-at.), Mut.

Varaire blanc, Varatrum album (j. jt.), L.

Véronique des Alpes, Veronica alpina (jt. at.), L.

Véronique à feuilles de serpolet, Veronica serpyllifolia (av.-s.), Mut.

Véronique de montagne, Veronica montana (j. jt.), L.

Véronique officinale, Veronica officinalis (m.-jt.), L.

Véronique paquerette, Veronica bellidioides (jt. at.), L.

Véronique à tige nue, Veronica aphylla (j. jt.), L.

Plantes spéciales du Grand-Som :

Gaillet de bruyère, Galium sylvestre (j. jt.), Mut.

Gypsophile rampante, Gypsophila repens (j. jt.), L.

OEillet bleuâtre, Dianthus cæsius (j. jt.), Mut.

Peucédane à feuilles de carvi, Peucedanum carvifolium (j.-s.), Mut.

Potentille luisante, Potentilla nitida (jt. at.), L.

§ 2. *Montagne de Saint-Eynard.*

Cette montagne, située sur les communes du Sappey et de Corenc, près Grenoble, contient un grand nombre de plantes dont voici le catalogue :

Anthillide de montagne, Anthyllis montana (j. jt.), L.

Arabette des murs, Arabis muralis (m.-jt.), Mut.

Arabette de Ray, Arabis stricta (m. j.), Mut.

Arabette des rochers, Arabis saxatilis (m. j.), Mut.

Arabette velue, Arabis hirsuta (m. j.), Mut.

Aspérule des champs, Asperula arvensis (m. j.), L.

Astragale nain, Astragalus depressus (m. j.), L.

Astrance fluette, Astrantia minor (j. jt.), L.

Berce branc-ursine, Heracleum sphondylium (m.-s.), L.

Bigrane à feuilles rondes, Ononis rotundifolia (m. j.), L.

Bigrane ligneuse, Ononis fruticosa (m. j.), L.

Boucage à grandes feuilles, Pimpinella magna (m.-s.), L.

Campanule à larges feuilles, Campanula latifolia (jt. at.), L.

Campanule rhomboïdale, Campanula rhomboidalis (jt. at.), L.

Carex cotonneux, Carex tomentosa (av. m.), L.

Carex glauque, Carex glauca (av. m.), L.

Carex des haies, Carex muricata (m. j.), L.

Carex de montagne, Carex montana (av. m.), L.

Centaurée crupine, Centaurea crupina (m.-jt.), L.

Centranthe à feuilles étroites, Centranthus angustifolius (j.-at.), Mut.

Circée des Alpes, Circæa alpina (j.-at.), L.

Cirse tubéreux, Cirsium tuberosum (jt. at.), Mut.

Clypéole Jonthlaspi, Clypeola Jonthlaspi (av. m.), L.

Crépide à feuilles de blattaire, Crepis blattarioides (j. jt.), Mut.

Cupidone bleue, Catananche cærulea (j.-at.), L.

Cynoglosse de montagne, Cynoglossum montanum (j. jt.), Mut.

Cytise Aubours, Cytisus Labur-
num (av. m.), L.
Daphné des Alpes, Daphne alpina
(av.-j.), L.
Daphné camélée, Daphne cneorum
(av.-j.), L.
Epervière fausse-andryale, Hiera-
cium andryaloides (jt. at.), Vill.
Epilobe à feuilles de romarin,
Epilobium dodonæi (j. jt.), L.
Erable plane, Acer platanoides
(av. m.), L.
Euphraise lancéolée, Euphrasia
lanceolata (été), Mut.
Garance étrangère, Rubia pere-
grina (j. jt.), L.
Genêt velu, Genista pilosa (av. j.),
L.
Gentiane anguleuse, Gentiana an-
gulosa (j. jt.), Mut.
Gentiane jaune, Gentiana lutea
(j. jt.), L.
Impatiente n'y touchez pas, Im-
patiens noli tangere (jt.-s.),
L.
Jonc glauque, Juncus glaucus (j.-
at.), Mut.
Julienne des Dames, Hesperis ma-
tronalis (m. j.), L.
Laitue vivace, Lactuca perennis
(m.-jt.), L.
Laser de France, Laserpitium gal-
licum (jt. at.), L.
Laser à larges feuilles, Laserpi-
tium latifolium (j.-at.), L.
Laser siler, Laserpitium siler (jt.
at.), L.
Lin purgatif, Linum catharticum
(m.-s.), L.
Lis Martagon, Lilium Martagon
(m. j.), L.
Lis orangé, Lilium bulbiferum (j.
jt.), L.
Maianthème à deux feuilles,
Maianthemum bifolium (m. j.),
Mut.
Marguerite de Micheli, Margarita
Michelii (j. jt.), Mut.
Mélampyre des bois, Melampyrum
nemorosum (été), L.

Mélique ciliée, Melica ciliata (j.
jt.), L.
Mercuriale vivace, Mercurialis
perennis (av. m.), L.
Monotrope sucepin, Monotropa
hypopitys (m.-jt.), L.
Muguet verticillé, Convallaria ver-
ticillata (m. j.), L.
Nerprun des Alpes, Rhamnus al-
pina (m. j.), L.
Nerprun nain, Rhamnus pumila
(j. jt.), L.
OEillet de Montpellier, Dianthus
monspessulanus (j. jt.), L.
Ophrys araignée, Ophrys arani-
fera (m. j.), Mut.
Orobe tubéreux, Orobus tubero-
sus (av. m.), L.
Passerage des campagnes, Lepi-
dium campestre (m. j.), Mut.
Pétasite blanc de neige, Petasites
niveus (ms.-m.), Mut.
Pyrole unilatérale, Pyrola secun-
da (j. jt.), L.
Rose des Alpes, Rosa alpina (j. jt.),
L.
Rose à feuilles de pimprenelle,
Rosa pimpinellifolia (m.-jt.), L.
Rose à feuilles rougeâtres, Rosa
rubrifolia (j. jt.), Mut.
Sarrête des teinturiers, Serratula
tinctoria (jt. at.), L.
Scabieuse des Alpes, Scabiosa al-
pina (jt. at.), L.
Scabieuse à feuilles graminées,
Scabiosa graminifolia (jt. at.), L.
Sorbier allouchier, Sorbus aria
(m.), Mut.
Tabouret des Alpes, Thlaspi al-
pestre (av.-jt.), L.
Thrincie hérissée, Thrincia hirta
(jt.-s.), Mut.
Véronique à feuilles d'ortie, Ve-
ronica urticæfolia (j. jt.), Vill.
Vesce de Girard, Vicia Gerardi
(j. jt.), Mut.
Violette singulière, Viola mirabilis
(av. m.), L.
Violette tricolore, Viola tricolor
(print. et aut.), L.

§ 3. *Montagne et bois de Bovinant.*

Ce quartier est situé sur la commune de Saint-Pierre-
d'Entremont. On y trouve la plupart des plantes ci-dessus
énoncées et spécialement les suivantes :

Aspidie raide, Aspidium rigidum (j. jt.), Mut.

OEillet bleuâtre, Dianthus cæsius (j. jt.), Mut.

Orpin à odeur de rose, Sedum rhodiola (j.-at.), Mut.

§ 4. Montagne de Chame-Chaude.

Cette montagne est située sur le territoire des communes du Sappey et de Sarcenas.

On y trouve les plantes dont les noms suivent :

Alsine printanière, Alsine verna (j. jt.), Mut.

Arabette ciliée, Arabis ciliata (m.-jt.), Mut.

Asphodèle blanc, Asphodelus albus (m. j.), Mut.

Coronille engaînée, Coronilla vaginalis (j. jt.), Mut.

Czackie lis de St-Bruno, Czackia liliastrum (m. j.), Mut.

Fétuque à petites fleurs, Festuca ovina (m. j.), L.

Fléole de Micheli, Phleum Michelii (j.-at.), Mut.

Grassette jaunâtre, Pinguicula flavescens (j. jt.), Mut.

Ophrys mouche, Ophrys myodes (m. j.), Mut.

Orchis mâle, Orchis mascula (av. j.), L.

Orchis à odeur de sureau, Orchis sambucina (m. j.), L.

Orchis odorant, Orchis odoratissima (j. jt.), L.

Orobe tubéreux, Orobus tuberosus (av. m.), L.

Passerage des Alpes, Lepidium alpinum (j.-at.), L.

Paturin aplati, Poa sudetica (j.-at.), Mut.

Paturin à feuilles distiques, Poa cenisia (jt. at.), Mut.

Pétasite blanc de neige, Petasites niveus (ms.-m.), Mut.

Pétrocalle des Pyrénées, Petrocallis Pyrenaica (j.-at.), Mut.

Plantain de montagne, Plantago montana (m.-jt.), Mut.

Potentille dorée, Potentilla aurea (j.-at.), L.

Primevère auricule, Primula auricula (j.), L.

Renoncule des bois, Ranunculus nemorosus (j jt.), Mut.

Renoncule de montagne, Ranunculus montanus (j. at.), Mut.

Renoncule lanugineuse, Ranunculus lanuginosus (j. jt.), L.

Renoncule de Séguier, Ranunculus Seguieri (j. jt.), Mut.

Rhododendron ferrugineux, Rhododendron ferrugineum (j. jt.), L.

Rose à feuilles de pimprenelle, Rosa pimpinellifolia (m.-jt.), L.

Sabot de la vierge, Cypripedium calceolus (m. j.), L.

Sarrête des teinturiers, Serratula tinctoria (jt. at.), L.

Tabouret à feuilles rondes, Thlaspi rotundifolium (j. jt.), Mut.

Thésion des Alpes, Thesium alpinum (m.-jt.), L.

Tozzie des Alpes, Tozzia alpina (été), L.

Vélar à fleurs jaunâtres, Erysimum ochroleucum (j. jt.), Mut.

Violette à long éperon, Viola calcarata (m.-jt.), L.

§ 5. Commune de Saint-Laurent-du-Pont.

Dans la partie inférieure du territoire de cette commune on trouve les plantes dont les noms suivent :

Azaret d'Europe, Asarum europæum (ms.-m.), L.

Hydrocotile écuelle d'eau, Hydrocotile vulgaris (m. j.), L.

Mélisse officinale, Melissa officinalis (j. jt), L.
Peucédane des marais, Peuce-

danum palustre (jt. at.), Mut'
Scrofulaire aquatique, Scrofularia aquatica (j.-at.), L.

§ 6. *Montagne de Charmanson ou Charmant-Son.*

Cette montagne est située sur la commune de Sarcenas. On y trouve les plantes dont les noms suivent :

Alchemille des Alpes, Alchemilla alpina (jt. at.), L.
Anémone des Alpes, Anemone alpina (j. jt.), L.
Anthyllide de montagne, Anthyllis montana (j. jt.), L.
Arbousier des Alpes, Arbutus alpina (jt. at.), L.
Bénoite de montagne, Geum montanum (jt. at.), L.
Botryche lunaire, Botrychium lunaria (m.-jt.), L.
Canche flexueuse, Aira flexuosa (jt.-s.), L.
Cerfeuil hérissé, Chærophillum hirsutum (jt. at.), L.
Crapaudine crénelée, Sideritis hyssopifolia (j. jt.), L.
Epervière à bouquet, Hieracium cymosum (jt. at.), L.
Fléole des Alpes, Phleum alpinum (jt. at.), L.
Gaillet de bruyère, Galium sylvestre (j. jt.), Mut.
Géran. brun, Geranium phæum (m. j.), L.
Globulaire à feuilles en cœur, Globularia cordifolia (av.-j.), L.
Gnaphale dioïque, Gnafalium dioicum (jt. at.), L.
Homogyne des Alpes, Homogyne alpina (j.-at.), Mut.
Laser siler, Laserpitium siler (jt. at.), L.
Libanotide de montagne, Libanotis montana (jt. at.), Mut.
Luzule en épi, Luzula spicata (jt. at.), Mut.
Muguet verticillé, Convallaria verticillata (m. j.), L.
Narcisse des poëtes, Narcissus poeticus (av. m.), L.
Nard raide, Nardus stricta (m.-jt.), L.

Orchis globuleux, Orchis globosa (j. jt.), L.
Orchis noir, Orchis nigra (jt. at.), D. C.
Orobe jaune, Orobus luteus (m.-jt.), L.
Orpin à odeur de rose, Sedum rhodiola (jt. at.), L.
Pédiculaire arquée, Pedicularis gyroflexa (jt.), L.
Plantain gramen, Plantago graminea (m.-s.), Mut.
Plantain de montagne, Plantago montana (m.-jt.), Mut.
Potentille dorée, Potentilla aurea jt. at.), L.
Raiponce orbiculaire, Phyteuma orbiculare (jt. at.), L.
Renoncule de montagne, Ranunculus nivalis (montanus) (j. at.), Vill.
Rhododendron ferrugineux, Rhododendron ferrugineum (jt. at.), L.
Saule émoussé, Salix retusa (jt. at.), L.
Silène à courte tige, Silene acaulis (j. jt.), L.
Soldanelle des Alpes, Soldanella alpina (j. jt.), L.
Thésion des Alpes, Thesium alpinum (m.-jt.), L.
Toque des Alpes, Scutellaria alpina (m.-jt.), L.
Trolle boule d'or, Trollius europæus (m. j.), L.
Vergerette des Alpes, Erigeron alpinus (jt. at.), L.
Vergerette uniflore, Erigeron uniflorus (jt. at.), L.
Violette à deux fleurs, Viola biflora (j. jt.), Mut.
Violette à long éperon, Viola calcarata (m.-jt.), Mut.

DEUXIÈME PARTIE.

—

NOTICE SUR GRENOBLE ET SES ENVIRONS.

———◦———

GRENOBLE, chef-lieu du département de l'Isère, est une ancienne, grande et forte ville, agréablement située, dans un bassin entouré de hautes et belles montagnes, sur l'Isère qui la divise en deux parties : l'une, extrême- ment resserrée entre la rivière et la montagne, est étroite et ne consiste, pour ainsi dire, qu'en une seule rue spacieuse ; l'autre, qui occupe la rive gauche, est très- belle, formée de rues bien percées, pavées en moellons, bordées de trottoirs en larges dalles, et généralement arrosées par les eaux de nombreuses fontaines qui fluent dans ses principaux quartiers. La rivière est bordée, sur ses deux rives, de très-beaux quais qui relient un pont en fil de fer à un superbe pont en pierre.

Hauteur au-dessus du niveau de la mer, 214 mètres. Distance légale, 545 kilomètres S.-E. de Paris (on paye 73 postes 1/4). Poste aux lettres, poste aux chevaux, 31,140 habitants. Nombreuses fabriques de ganterie. Commerce et fabrique de liqueurs renommées. Fabriques nouvelle- ment établies de chapeaux de paille d'Italie et de pays. Fabriques de papiers dans les environs.—Foires : le 22 janvier, le lundi de la semaine sainte, le 16 août et le 4 décembre.

ADMINISTRATIONS CIVILES. — Préfecture, mairie, enregistrement et domaines, eaux et forêts, contributions directes, contributions indirectes et douanes, ponts et chaussées, mines, recette générale, payeur, conservation des hypothèques.

ADMINISTRATIONS JUDICIAIRES. — Cour d'appel, tribunal de première instance, tribunal de commerce, trois justices de paix.

ADMINISTRATIONS MILITAIRES. — Général de brigade, sous-intendance, état-major de la place, gendarmerie, dépôt de recrutement, état-major d'artillerie.

EVÊCHÉ.

ACADÉMIE DE L'ISÈRE. — Faculté de droit, faculté des sciences, faculté des lettres, école secondaire de médecine, lycée, école professionnelle, école primaire, école de l'enseignement mutuel, trois écoles des Frères, école normale de demoiselles dirigée par Mme Clopin, pensionnat de demoiselles dirigé par des dames de Ste-Ursule à Sainte-Marie-d'en-Haut, école de la Providence, deux salles d'asile.

§ 1er. — Choses à voir.

Grenoble n'a pas de monuments anciens qui puissent satisfaire la curiosité des étrangers. Cependant on peut visiter: le palais de justice (ancien palais delphinal); l'hôtel de ville (ancienne résidence de Lesdiguières); la façade de l'église du Collége; le clocher de Notre-Dame, à cause de sa simplicité originale et peut-être unique; l'église de Saint-Louis.

Nous engageons les étrangers à voir cette dernière église, faite, dit-on, d'après les plans des jésuites. Nous félicitons cette Compagnie d'avoir créé une forme d'église si bien appropriée à son but et à l'esprit de l'Evangile.

Fraternité et *union*, voilà l'esprit ; célébration des saints mystères et propagation de la parole de Dieu *en communauté*, voilà le but. Nous avons vu beaucoup d'églises, et nous n'avons pas remarqué de forme qui répondît mieux à ces intentions. Unité d'enceinte ! tel est le précepte du livre sacré ; *qu'il n'y ait qu'un bercail* (Joan., 10-16)! — Quel éloge, en effet, peut-on faire de ces magnifiques monuments qui surprennent l'admiration de tous ceux qui les visitent, mais où on a seulement oublié que le culte ne doit être, ni enfoui, ni la propriété exclusive de quelques heureux privilégiés, et encore moins consister dans une admiration stérile et toute extérieure ? L'intention des créateurs de ces beaux édifices nous a toujours échappé ; celle des jésuites semble être toute dans ces paroles : *Venez à moi, vous tous qui souffrez.*

Revenons à la cathédrale, à Notre-Dame : il existe dans le chœur, à droite, un morceau d'architecture d'un très-riche travail, mais on en a fait des éloges qui nous paraissent exagérés. Nous dirons, au contraire, qu'il ne semble se rattacher à aucune idée, qu'il est même d'une insignifiance complète, et que, quelles que soient les réparations qu'on y puisse faire, on ne le rendra jamais ni plus utile, ni plus intéressant ; ce seront des dépenses perdues, et nous croyons pouvoir ajouter que le monument sera oublié après sa restauration.

Près de la porte de Saint-Laurent, il y a encore une espèce de petit temple, qu'on exhume de terre et des décombres. Il est si peu caractérisé, qu'on ne sait pas ce que c'est ; il n'est remarquable que par des colonnettes frustes sans importance.

Pourquoi tant d'efforts pour créer ce que notre ville ne peut posséder, de vieux monuments ? Ne vaudrait-il pas mieux employer ses forces à édifier des choses utiles pour toute la cité, telles que des bains et lavoirs publics, et, si l'on veut un monument, doter les sociétés de secours mutuels d'un hôtel où elles pourraient toutes se réunir? La loi oblige les communes à leur fournir un local pour leur assemblée; cette dépense, éminemment morale, serait la satisfaction d'une obligation (1). Si la ville y consacrait seulement les sommes que ces sociétés lui ont économisées en journées d'hôpital, on élèverait un édifice digne de la cité, et on acquitterait, en même temps, une dette de reconnaissance (2).

THÉÂTRE. — La ville reconstruit son théâtre; nous n'en pouvons voir encore que les premières assises, mais nous croyons que, tout circonscrit qu'il est, il répondra à nos besoins.

Nous voudrions qu'à ses abords on pratiquât, le long des trottoirs, entre leur limite intérieure et le mur, des rigoles recouvertes en grilles de fer, afin que les dalles ne fussent pas toujours souillées d'urines: c'est ce que font les villes du Nord, qui se distinguent par leur propreté.

STATUES. — Nous avons deux statues en bronze: la belle statue colossale de Bayard, du chevalier sans peur et sans reproche, place Saint-André; et un Hercule, dans le bois du Jardin-de-Ville.

FONTAINES. —Il y en a deux à voir : celle du Château d'eau, place Grenette, et celle du Lion, en face du pont de fer.

BIBLIOTHÈQUE. — Si Grenoble n'est pas cité pour ses

(1) Les communes sont tenues de fournir gratuitement aux sociétés approuvées, les locaux nécessaires pour leur réunion. (Décret du 22 janvier 1852, art. 9.)

(2) On peut calculer que, depuis leur création, les sociétés ont économisé un million à la ville.

monuments, il possède, du moins, une riche bibliothèque, ce qui est peu commun et plus utile ; elle est classée la sixième de France ; elle se compose de plus de 70,000 volumes, parmi lesquels on distingue beaucoup de précieux manuscrits, d'ouvrages rares par leur ancienneté ou leur édition. — Le vaisseau de la bibliothèque est remarquable ; il a plus d'élévation que celui de la Bibliothèque nationale, rue Richelieu.

MUSÉE DES TABLEAUX. — Notre galerie est aussi une des plus riches de France ; elle compte des tableaux de toutes les écoles célèbres : écoles italienne, flamande, hollandaise, espagnole et française. On distingue particulièrement un Rubens, le plus beau qui existe, après la *Descente de Croix*, qui est à Anvers. Ce tableau, à lui seul, vaut bien des monuments, et il mérite qu'on vienne de toutes les parties du monde pour le voir. Il est estimé 200,000 fr. Il y a un Pérugin, deux Paul Véronèse, deux Tintoret, trois Albane, un Crayer, un Van-der-Meulen, un très-beau Ribéra, un Velasquez, un Murillo, deux superbes Claude Lorrain, et autres tableaux de peintres du premier mérite.

CABINET D'HISTOIRE NATURELLE. — Un bel édifice vient d'être construit pour recevoir les nombreuses collections d'histoire naturelle que possède la ville, collections qui ne pouvaient qu'être mal exposées dans le local qu'elles occupent encore. Ce nouveau Muséum est le premier monument notable que possède notre cité. Il sert d'entrée au Jardin des Plantes.

JARDIN DES PLANTES. — Cet établissement est une des plus charmantes promenades que possède Grenoble. Il offre de jolis ombrages très-variés dans leur composition et leur arrangement. La partie réservée à l'étude contient une riche collection de plantes. Tout le jardin est dirigé avec une entente parfaite. Deux superbes lions·mâle et femelle , et quelques bêtes fauves, y sont nourris. — On nous apprend que la ville est en instance avec le génie militaire pour prolonger le jardin jusques sur le rempart. Cette addition serait consacrée à une pépinière et à un jardin d'arbres fruitiers, où tous les ans notre habile conservateur ferait un cours gratuit de taille et de greffe, comme cela est pratiqué au jardin du Luxembourg à Paris; il montrerait aussi comment on garantit les fleurs précoces des gelées tardives. Nous ne pouvons que nous réjouir d'un projet qui présente tant d'avantages; c'est un heureux corollaire de l'organisation de nos écoles professionnelle et communales dont Grenoble a droit de se glorifier. Les bénéfices en seront aussi grands pour la ville que pour la campagne : peu à peu disparaîtront cette multitude de mauvais arbres fruitiers qu'on a laissés venir à l'aventure, et ils seront remplacés par de bonnes espèces dont la culture, bien plus productive, ne sera pas plus coûteuse. C'est ainsi qu'une ville fait bénir son administration, quand elle a pour devise: *Bien pour tous!*

Cimetière. — On doit aussi une visite à ce rendez-vous général où se confondent les gloires et les misères de la vie; le niveau est égal pour tous, malgré les démarcations superficielles vainement établies par les vivants. Notre cimetière est vaste; il est planté d'arbres à hautes tiges, qui ajoutent, par leurs ombrages, à la tristesse de ces lieux. Une foule de monuments, dont quelques-uns se font distinguer par leur légèreté et leur bon goût, le décorent dans tout son pourtour. Notre humanité n'a qu'à gagner à faire cette promenade; on en revient toujours avec de bonnes pensées.

Places. — Depuis l'agrandissement de Grenoble, au

levant de la ville, près du Jardin des Plantes, nous possédons une magnifique place où l'on fait des manœuvres d'artillerie ; reste au temps à la décorer.

Fort de la Bastille. — La Bastille est une des places les plus puissantes de l'Europe, au dire des gens du métier ; cette grande machine de guerre est donc fort curieuse à voir. Pour la visiter, on prend une permission de M. le commandant de place. En montant au fort, on a une très-belle vue ; elle s'étend, du côté du Nord, jusqu'au Mont-Blanc, que l'on aperçoit dans la vapeur.

Promenades. — Grenoble est une des villes les mieux dotées sous le rapport des promenades. Indépendamment de celle du jardin des plantes, on a le Cours, la promenade au pont de fer sur le Drac, et l'Ile-Verte. Mais ce qu'il faut voir un dimanche par une belle soirée d'été, c'est la terrasse du jardin de ville, où afflue toute l'élite de notre population et de notre jeunesse. La promenade n'est plus qu'un immense salon décoré de verdure, encombré de toilettes variées à l'infini; le coup d'œil en est véritablement ravissant. Nous avons encore l'Esplanade de la porte de France. Cette promenade, immense jeu de boule, entouré d'allées, qui sert aux manœuvres stratégiques, offre une particularité assez curieuse : si l'on regarde vers le couchant, on a en face de soi, au-dessus de Sassenage, une montagne dont la crête dessine parfaitement la silhouette du beau nez, de la bouche pincée et du grand menton de Napoléon ; le bec extrême de la montagne forme le bas du masque. Si, sur cette simple indication, on ne l'aperçoit pas tout de suite, en clignant les yeux on la découvre plus facilement; si on ne réussit pas encore, il faut se retourner, se baisser, regarder entre ses jambes; alors on la voit infailliblement, ou bien il y a cécité. On la voit encore de la partie de la route d'Uriage qui est entre la Galochère et Grenoble. C'est à M. le baron d'Haussez, ancien ministre de la Restauration, qu'on attribue cette singulière observation.

§ 2. — Courses aux environs de Grenoble.

Différentes courses très-intéressantes sont à faire aux alentours de Grenoble.

CHARTREUSE. — La première est celle de la Grande-Chartreuse, en passant par Saint-Laurent-du-Pont et revenant par le Sappey. On y met deux jours; si on fait l'ascension du Grand-Som, il en faut trois. En revenant par le Sappey, on voit les deux routes, et quand on entre dans la gorge pour descendre à Grenoble, on a continuellement devant soi la vue de notre plaine, qui s'agrandit à chaque pas en immense tableau.

ALLEVARD. — La course d'Allevard est très-intéressante par ses sites magnifiques et extrêmement variés, ses thermes, son fougueux Bréda, torrent qui offre des sujets d'études recueillis par tous les peintres. De là, l'excursion la plus pittoresque et qui présente des vues admirables, est celle de partir d'Allevard au soleil levant, et d'aller à Pontcharra en passant par le Moutaret. La beauté du paysage alpestre que l'on domine sur sa droite, laisse des impressions ineffaçables d'effets de lumière.

URIAGE, VIZILLE, LE PONT-DE-CLAIX. — On prend une voiture en location pour la journée, on part de bonne heure pour aller déjeuner à Uriage. On visite l'établissement, puis on monte au château par de charmants petits sentiers, pratiqués dans le bois, de manière à voir le paysage sous toutes ses faces. On visite le château, qui est décoré d'un riche ameublement moyen âge; il est visible deux jours par semaine, le lundi et le jeudi, de neuf heures du matin à six heures du soir. Puis on va dîner à Vizille, on voit le château, les fabriques, où l'on ne peut entrer sans permission, et l'on fait le tour de son magnifique parc. De Vizille, on vient au Pont-de-Claix, qui était compté comme une des sept merveilles du Dauphiné; on va sous son arche faire répéter l'écho, qui est très-sonore. On revient à Grenoble par la belle avenue du Cours.

Sassenage et ses Cuves. — Les Balmes de Fontaine. — Il faut voir Sassenage et monter aux Cuves, autre merveille du Dauphiné. On y vient, en passant par les Balmes de Fontaine, fort belle promenade sous un rocher taillé à pic, sur une longueur de plus d'un kilomètre. — Pour traverser les Cuves, on prend un guide, qui s'arme de flambeaux, et de planches pour franchir dans l'intérieur du rocher les pas difficiles.

La montée des Cuves est délicieuse : vue du paysage, effets d'eau, sentiers accidentés au milieu de petits bois, tout se trouve réuni pour rendre ce lieu extraordinairement pittoresque. Sassenage est véritablement le Versailles de Grenoble, avec cette différence que ceux qui ont parcouru le magnifique parc de Versailles, et qui ont pu voir jouer les eaux de la grotte d'Apollon, reconnaîtront que cette création est une imitation des Cuves; mais elle les égale comme une jolie peinture égale un original.

Les Cuves sont de profondes excavations dans le rocher vif, par où s'échappe une source considérable qui forme la principale branche du Furon.

Elles ont deux issues, une inférieure ressemblant à un grand portique, qui forme l'entrée d'une grotte, au fond de laquelle tombe en cascade une belle nappe d'eau. Une autre issue plus élevée est pratiquée dans le

haut d'une deuxième grotte, représentant un vaste péris-
tyle. Cette deuxième ouverture, espèce de gaîne étroite,
à hauteur d'homme d'abord, puis assez basse pour qu'on
soit obligé de ramper pour la traverser, décrit un demi-
cercle dans le rocher et vient aboutir à l'issue inférieure.
Le sol en est parsemé de fentes comme de larges orniè-
res, que l'on franchit plus sûrement au moyen de planches. A l'entrée, se trouvent les *Cuves* proprement
dites : ce sont deux trous ronds pratiqués dans le roc,
d'une profondeur et d'un diamètre de 120 centimètres.
Leur plus ou moins plein d'eau, à l'époque de la fête des
Rois, était le présage de récoltes plus ou moins abondantes; quand elles débordaient, c'était un bonheur
général. Aujourd'hui elles ne sont plus consultées.

Là, dit la vieille chronique, le bon génie des Bérenger,
la fée Mélusine, moitié femme, moitié serpent, faisait
son séjour de prédilection.

En revenant des Cuves, il faut passer sur la rive
gauche du torrent, pour voir les cascades; mais ce chemin est à suivre avec prudence.

On ne doit pas partir de Sassenage sans visiter le château des Bérenger, patrimoine d'une des plus anciennes
familles de la province. L'intérieur de l'édifice est très-
riche; de beaux tableaux le décorent, entre autres celui
des *Disciples d'Emmaüs*. Le propriétaire ajoute un intérêt
de plus à cette superbe demeure : il forme une bibliothèque de livres, manuscrits et autographes concernant le
Dauphiné; déjà elle compte des pièces très-importantes.

De Sassenage on peut aller à Noyarey voir le bel
établissement hydrothérapique de M. Michal; de là,
on visite celui tout naissant des eaux minérales de
l'Echaillon, près de Veurey, eaux qui jouissent de beaucoup de réputation. On traverse l'Isère sur un pont en fil
de fer, récemment construit, et on rentre à Grenoble
par la route de Lyon.

Désert de Jean-Jacques. — Nous ne devons pas oublier de signaler aux étrangers une charmante solitude, située au-dessus du château de Beauregard, sur Pariset ; elle est formée par une disposition bizarre des rochers. C'est le désert où Jean-Jacques Rousseau allait souvent méditer et développer ces idées qui l'ont classé parmi les plus grands philosophes. Ce petit désert, qui a la forme d'un triangle ouvert sur le côté du midi et borné sur les deux autres lignes par des rochers élevés, présente un salon de verdure que les fées n'auraient pas créé avec plus de fraîcheur et de singularité. Les deux rochers latéraux, en se rapprochant, laissent à leur extrémité une ouverture perpendiculaire, comme celle d'une porte entre-bâillée, à travers laquelle on voit un paysage excessivement frais. Ce panorama est très-joli, fort curieux et sans doute unique.

On peut encore visiter la chartreuse de Chalais, située sur le plateau qui domine Voreppe ; les Sept-Laus au-dessus d'Allevard, à la hauteur des glaciers, au milieu d'un sol désolé, privé de toute végétation, où l'on ne voit que des rochers bouleversés et entassés les uns sur les autres, ce qui ferait certainement dire à un écolier de septième que c'est le champ de bataille des Titans ; la montagne de Chanrousse, au-dessus d'Uriage, d'où la vue s'étend jusqu'à Lyon.

Lacs de Laffrey. — Pour bien jouir de la vue de ces belles nappes d'eau, et notamment du grand lac, qui est magnifique, on gravit la montagne qui touche la route à droite, sur le dos inférieur de laquelle est bâtie l'église. On lit, en passant, l'inscription qui rappelle que c'est là que s'arrêta Napoléon après s'être avancé seul pour en appeler au cœur des soldats qui étaient envoyés contre lui. On laisse l'église derrière, et on gagne, dans moins d'une demi-heure, la crête de la montagne. Arrivé à ce point, on est amplement dédommagé de sa course : on a tout autour de soi un des plus beaux panoramas qu'il soit possible de voir. A ses pieds, les lacs limpides qui semblent n'en faire qu'un et confondre, dans le lointain, leur azur avec celui des cieux ; au midi, la vue découvre la Mure; plus loin, Corps et les montagnes arides que baigne le Drac; au sud-sud-ouest, pardessus plusieurs vallées, le grand Mont-Aiguille, qui s'élève comme un géant au milieu de toutes les montagnes qui l'environnent; on tourne encore, et on suit cette grande chaîne de montagnes qui, du Trièves, s'étend du midi au nord, et vient se rompre brusquement en face de Voreppe. On aperçoit la fertile plaine de Tullins, les coteaux de Rives, et, dans le lointain, Lyon : l'œil, pour se reposer, cherche notre Bastille, qui domine Grenoble de si haut, mais la Bastille a disparu ; c'est un point qui se confond avec la plaine; par compensation, on découvre tous les grands pics décharnés qui jalonnent la Chartreuse ; puis la vue s'enfonce jusqu'à Chambéry, jusqu'au Mont-Blanc. Après, on promène ses regards sur la riche vallée du Graisivaudan et sur la belle plaine de Grenoble. On est tout étonné de voir le Drac, lancé perpendiculairement comme une flèche sur l'Isère, pour tenter de la franchir. On continue de tourner: c'est Vizille et son petit bassin qui passent sous nos yeux; la fraîche vallée qui conduit au Bourg-d'Oisans vient ensuite, on en détaille lentement les différentes sinuosités. Enfin, les regards se reportent et s'arrêtent de nouveau sur les lacs; puis on recommence bien des fois à faire le tour que nous avons rapidement indiqué, et toujours avec un indicible plaisir.

De Laffrey on peut aller visiter les bains de la Motte, et successivement la Fontaine-Ardente et le Mont-Aiguille, troisième et quatrième merveille du Dauphiné,

GRAND TOUR DES ALPES. — Si l'on veut compléter ces belles excursions, prendre une connaissance entière de nos montagnes et les suivre dans tout leur majestueux développement, on fait le grand tour par Vizille, le Bourg-d'Oisans, la Grave, le Lautaret, Briançon, Embrun, Gap, Corps, la Mure, Vizille, premier point traversé, et on rentre à Grenoble. Cette course prend cinq jours, en restant un jour à Briançon pour voir les forts.

La route de Vizille au Bourg-d'Oisans longe continuellement la Romanche, dans une gorge fort étroite et accidentée sous mille aspects divers. Le sol, recouvert d'énormes rochers roulés, constate l'immense puissance des eaux de cette petite rivière à des époques désastreuses.

Avant d'entrer dans la plaine du Bourg-d'Oisans, on traverse l'*Infernet*, point resserré par deux montagnes fort élevées qui se rapprochent l'une de l'autre. Là s'était formé, jadis, un barrage considérable qui avait fait un lac de toute la plaine du Bourg-d'Oisans. L'aspect de ces deux énormes géants est magnifique pendant l'été; mais l'hiver, quand leurs têtes sont chargées de frimas, que les vents tourbillonnent à l'entour en soulevant la neige qui les couvre, leur vue est *infernale*, elle inspire la terreur.

Sur divers points, lorsque la route borde la Romanche, on voit les pierres qui servent d'enrochement liées les unes aux autres par des chaînes de fer; mais si la rivière entre dans ses grandes fureurs, ce n'est que jeu pour elle de briser ces liens et de disperser ces faibles témoins des prévisions humaines.

Le bassin du Bourg-d'Oisans mérite d'être étudié. Entouré de hautes montagnes sur une largeur de deux kilomètres et demi et sur une longueur quintuple, son aspect est extrêmement sévère. Pour jouir de toute sa splendeur, on se place sur le devant de l'église par une belle journée, quand le sol est recouvert de deux pieds de neige. Le contraste de cette éclatante blancheur, qui réfléchit les rayons du soleil, avec les teintes noirâtres de la plupart des rochers dénudés et taillés à pic, est d'un effet admirable.

Dans l'été, par une belle matinée, on part à trois heures du matin et l'on gravit jusqu'au Villard-de-Notre-Dame (Villard-Eymond), au-dessus du Bourg-d'Oisans; on y arrive avant le lever du soleil. De ce point, on domine les vingt-deux communes du canton; tout le sol est parsemé de pics plus ou moins élevés, de glaciers, de verts pâturages, de bois noirs, de champs cultivés, de chaumières éparses ou réunies, de vallons, de torrents: chaque point diffère du point qu'il touche. Le soleil commence à paraître; ses rayons glissent sur ce terrain mille fois accidenté et le frappe différemment; il en résulte des effets de lumière merveilleux. Impossible de se faire une idée de la beauté du spectacle qui s'offre à votre vue et qui grandit à chaque instant; aucun lever de soleil n'est à comparer, rien au monde n'est aussi admirable.

Depuis le Bourg-d'Oisans jusqu'au Lautaret, où la route, que l'on peut faire presque toujours au trot, s'élève à la hauteur des glaciers, c'est le plus beau, le plus curieux parcours qui existe peut-être au monde. Parfois on surplombe à pic, à une hauteur de 200 mètres, sur un abîme au fond duquel roule la Romanche; souvent on traverse des tunnels, puis des vapeurs irisées de mille couleurs, formées par les cascades que l'on rencontre à chaque pas; les glaciers, on les touche pour ainsi dire. A la sommité du col que l'on franchit pour redescendre sur Briançon, se trouvent les prairies du Lautaret, entièrement couvertes de fleurs, dernière végétation située à 2,078 mètres au-dessus du niveau de la mer, 30 mètres plus haut que le Grand-Som qui domine le couvent de la Chartreuse et qui n'a que 2,048 mètres; Grenoble est à 214 mètres. On peut apprécier par là à quelle hauteur prodigieuse on est parvenu à ouvrir une route que l'on parcourt en poste (1). De là, on se dirige rapidement sur Briançon par une pente continuelle, et on y arrive de bonne heure.

Pour de plus amples renseignements, voir les ouvrages indiqués à l'article *Bibliographie*.

ÉTAT DES VOITURES PUBLIQUES

A HEURE FIXE

Qui partent de Grenoble ou qui y arrivent régulièrement, classées par porte de sortie, avec indication des localités traversées et de leur distance de Grenoble; suivi de renseignements sur les voitures à volonté.

OBSERVATIONS. — Le prix des places est de 5 centimes environ par kilomètre; on ne paie pas moins de 50 c. pour les petites distances. Les grandes voitures prennent environ 10 c. par kilomètre.

NOTA. — Les voitures sont indiquées par le nom de la destination placé en tête de chacun des articles des paragraphes 2 à 6. Le nombre de kilomètres qui suit chaque localité indique sa distance de Grenoble.

§ 1er. Nomenclature, par ordre alphabétique, des localités où s'arrêtent les voitures publiques ou qu'elles traversent.

NOTA. — Les chiffres qui suivant chaque nom de localité se réfèrent à ceux qui précèdent les articles des paragraphes 2 à 6. — Le V ou les VV placés après les noms des localités indiquent que cette localité possède un ou plusieurs services publics.

Abrêts, 46, 47.
Albenc, 33.
Aspres-les-Veynes, 28.
Barraux, VV., 1 à 3.
Beauvoir, 33.
Bernin, V., 1 à 7.

(1) Dans la traversée de la Grave, il y a un point qui n'est pas terminé.

§ 2. Nord. — Porte Saint-Laurent.

Nota. Les noms en grandes MAJUSCULES indiquent les têtes du parcours.

1 CHAMBÉRY, 57 k.: par la Tronche, 2 k.; Meylan, 7 k.; Montbonnot, 8 k.; St–Ismier, 11 k.; Bernin, 15 k.; Crolles, 17 k.; Lumbin, 20 k.; La Terrasse, 23 k.; Le Touvet, 27 k.; La Buissière, 33 k.; Barraux, 36 k.; Chapareillan, 41 k. —MM. Charvet, place Grenette, bureau des messageries nationales, n° 14. — Trajet en six heures. — *Départ*, sept heures du matin. — *Retour*, sept heures du matin.

2 CHAPAREILLAN. — M. Ravix, rue Créqui ; bureau : n° 29.
— *Départ* (courrier), une heure et demie du soir. —
Retour, midi et demi.

3 BARRAUX. — M. Perrin, rue Perrière, près le Pont de
Fer ; bureau : café Ravix, n° 4. — *Départ*, six heures
du matin. — *Retour*, deux heures du soir.

4 BARRAUX. — M. Ravix, même bureau. — *Départ*, deux
heures et demie et quatre heures du soir. — *Retour*,
cinq heures et sept heures du matin.

5 LA TERRASSE. — M. Rougier, rue Montée-du-Pont-
de-Fer ; bureau : café Moulin. — *Départ*, de deux à
cinq heures du soir. — *Retour*, cinq heures du matin.

6 CROLLES. — M. Bouvier, rue Perrière ; bureau : café
Favier, n° 2. — *Départ*, deux heures et demie du soir.
— *Retour*, cinq heures et demie du matin.

7 BERNIN. — M. Didier, rue Montée-du-Pont-de-Fer ; bureau : café Thermat, n° 2. — *Départ*, quatre heures du
soir. — *Retour*, cinq heures et demie du matin.

8 ST-ISMIER. — M. Saint-Pierre, rue Perrière, café Tour-
noux, place du Pont-de-Fer. — *Départ*, cinq heures
du soir. — *Retour*, six heures trois quarts du matin.

9 MONTBONNOT. — M. Ravix, rue Perrière ; bureau : café
Ravix, n° 4. — *Départ*, onze heures du matin et six
heures du soir. — *Retour*, six heures et demie du matin, cinq heures du soir.

§ 3. **Est.** — **Porte de Très-Cloîtres.**

10 CHAMBÉRY, 60 k.; par Gières, 5 k.; Domène, 10 k.;
Villard-Bonnot, 16 k. ; Froges, 21 k. ; Champ, 22 k. ;
Tencin, 25 k.; Goncelin, 29 k.; Cheylas, 33 k.; Grignon,
38 k.; Pontcharra, 39 k.; La Gache, 41 k.; Chapareillan,
44 k. — MM. Leborgne, place Grenette, bureau des
Messageries générales, n° 11. — Trajet en six heures.
— *Départ*, six heures du matin. — *Retour*, deux heu-
res du soir.

11 PONTCHARRA. — M. Floret, rue Très-Cloîtres ; bureau :
boulangerie de Debon, n° 7. — *Départ*, six heures du
matin et deux heures du soir. — *Retour*, six heures du
matin, deux heures du soir.

12 ALLEVARD, 40 k., par Goncelin; St-Pierre-d'Allevard, 36 k. — MM. Floret et Racloz, place Grenette; bureaux : café Savin, n° 10, place Grenette; place Notre-Dame, café du Nord, et auberge Villot, rue Très-Cloîtres. — *Départ*, une heure du matin (le courrier), sept heures du matin; une heure du soir. — *Retour*, cinq heures et demie du matin; le courrier, onze heures du matin; trois heures et demie du soir.

13 ALLEVARD. — M. Racloz; bureau : auberge Villot, n° 25. — *Départ*, une heure du soir. — *Retour*, dix heures du matin.

14 GONCELIN. — M. Floret, place Notre-Dame; bureau : café du Nord. — *Départ*, midi et sept heures du soir. — *Retour*, six heures du matin.

15 TENCIN. — M. Guerre, rue Très-Cloîtres; bureau : café Mermoz, n° 1. — *Départ*, quatre heures du soir. — *Retour*, six heures du matin.

16 VILLARD-BONNOT. — M. Guillet, rue Très-Cloîtres; bureau : café Cadiot, angle de la rue Neuve. — *Départ*, deux heures du soir. — *Retour*, cinq heures et demie du matin.

17 VILLARD-BONNOT. — M. Cartier, rue Très-Cloîtres, café Mury, angle de la rue du Fer-à-Cheval. — *Départ*, deux heures du soir. — *Retour*, cinq heures et demie du matin.

18 DOMÈNE. — M. Berthier, place Notre-Dame; bureau : café du Nord. — *Départ*, midi et sept heures du soir. — *Retour*, sept heures et demie du matin; quatre heures et demie du soir.

19 URIAGE, par Gières, 12 k. — Des *départs* ont lieu toutes les heures pendant la saison des bains, depuis six heures du matin; bureaux : place Grenette.

§ 4. Sud-Est. — Porte des Alpes.

20 TAVERNOLLES, 8 k.; par Eybens, 6 k. — M. Baronnat, place de la Halle; bureau : café Fluchaire, n° 6. — *Départ*, onze heures du matin et sept heures du soir. — *Retour*, sept heures du matin et cinq heures du soir.

§ 5. **Sud. — Porte de Bonne.**

21 BOURG-D'OISANS, 49 k. : par le Pont-de-Claix, 8 k. ;
Vizille, 17 k. ; Séchilienne, 26 k. ; Livet-et-Gavet, 36 k. ;
MM. Juge et Villard, tous les jours impairs, place Grenette, bureau Leborgne, n° 11, et tous les jours pairs,
rue Saint-Jacques, auberge Villard, n° 12. — *Départ* à
une heure du matin, midi, et à six heures du soir.— *Retour*, midi, deux heures et onze heures du soir. — Du
Bourg-d'Oisans, il part tous les jours à quatre heures du
matin, depuis le 20 mai jusqu'au 20 octobre, une voiture pour Briançon par le Freney, 61 k. ; La Grave,
65 k. ; Le Villard-d'Arène, 70 k. ; Le Lautaret.

22. GAP, 100k., par Vizille : Laffrey, 25 k. ; Pierre-Châtel,
32 k. ; La Mure, 38 k. ; Corps, 63 k. ; Saint-Bonnet, 84
k. — MM. Charvet, place Grenette, bureau des Messageries nationales, 11. — *Départ*, huit heures du soir.
— *Retour*, quatre heures du soir.

23 GAP. — M. Leborgne, place Grenette, bureau des Messageries générales, n° 11. — Trajet en onze heures. —
Départ, onze heures du soir. — *Retour*, six heures du
matin.

24 LA MURE. — MM. Malifaud et Bayard, rue St-Louis ;
bureau : hôtel Bayard, n° 2. — *Départ*, midi. — *Retour*,
onze heures trois quarts du matin.

25 VIZILLE. — MM. Turc et Compe, Dumollard, Chagnard,
Hott, Gonchon et Gaspard. — Tous les jours il y a des
départs à sept et neuf heures du matin, deux heures et
cinq heures du soir et autres. — Il en est de même pour
les *retours*. — Les bureaux sont : place Grenette, aux
cafés Dumollard, angle St-Louis ; Faure, n° 18, et Pugnot, n° 15.

26 LA MOTTE-LES-BAINS, 34 k. : par le Pont-de-Claix,
Champ, 16 k. ; Saint-Georges-de-Commiers, 21 k. ;
Notre-Dame-de-Commiers, 23 k. ; Monteynard, 29 k.
M. Floret, place Grenette, bureau du Roulage, n° 13.
— *Départ*, huit heures du matin. — *Retour*, deux
heures du soir.

27 MENS, 55 k. : par le Pont-de-Claix, Varces, 13 k. ; Vif, 16 k. ; le Monestier-de-Clermont, 34 k. ; Roissard, 39 k. ; Lavars, 45 k. — M. Vallier, place Grenette ; bureau : café Faure, n° 18, et café Pugnot, n° 15. — *Départ* tous les deux jours, cinq heures du soir. — *Retour*, dix heures du soir. — Prochainement, le service se fera tous les jours.

28 SISTERON, 156 k. : par le Monestier-de-Clermont, Saint-Michel-les-Portes, 41 k. ; Saint-Martin-de-Clelles, 45 k. ; Clelles, 51 k. ; Le Percy, 56 k. ; Monestier-du-Percy, 59 k. ; Saint-Maurice, 63 k. ; Lus-la-Croix-Haute, 86 k. ; Aspres-les-Veynes, 108 k. ; Serres, 123 k. ; Laragne, 139 k. — M. Vallier, place Grenette ; bureau : café Faure, n° 18. — *Départ*, une heure du matin. — *Retour*, une heure du matin.

29 MONESTIER-DE-CLERMONT. — MM. Vallier et Pollin, place Grenette ; bureau : café Faure, 18. — *Départ*, cinq heures du soir. — *Retour*, cinq heures du matin. — Ce service alterne avec celui de Mens.

30 VIF. — MM. Septépé et Février, Pierres-Pontées ; bureau : café Bayard, n° 17, angle de la place de la Halle. — *Départ*, sept heures du matin et deux heures du soir. — *Retour*, six à huit heures du matin et quatre heures du soir. — Souvent, deux *départs* le matin et deux *retours*.

31 PONT-DE-CLAIX. — M. Baronnat, place de la Halle ; bureau : café Fluchaire, n° 6. — *Départ*, onze heures du matin, six heures du soir. — *Retour*, sept heures du matin, cinq heures du soir.

32 SEYSSINS. — M. Prudhomme, place Grenette ; bureau : café Faure, n° 18. — *Départ*, dix heures du matin, six heures du soir. — *Retour*, six heures du matin, cinq heures du soir.

33 SAINT-MARCELLIN, 52 k. ; par Sassenage, 6 k. ; Noyarey, 12 k. ; Veurey, 15 k. ; Saint-Quentin, 25 k. ; St-Gervais, 34 k. ; l'Albenc, 39 k. ; Vinay, 42 k. — M. Gruizard, rue Montorge ; bureau : Cochard, n° 7. — *Départ*, trois heures du soir. — *Retour*, six heures du matin. — Cette voiture correspond à Saint-Gervais avec SAINT-NAZAIRE (Drôme), 61 k. ; par Cognin, 42 k. ;

Izeron, 46 k. ; Beauvoir, 51 k. ; Saint-Romans, 52 k. ;
Saint-Just-de-Claix, 58 k.

34 VEUREY. — MM. Marillat et Rolland, place Grenette ;
bureau : café Pugnot, n° 15. — *Départ*, quatre heures
et demie du soir. — *Retour*, sept heures du matin.

35 SASSENAGE. — MM. Marillat et Rolland, place Grenette ;
bureaux, cafés Pugnot, n° 15, et Faure, n° 18. — *Départ*, onze heures du matin, deux heures et six heures
du soir. — *Retour*, un le matin, de six à huit heures, et
quelquefois deux ; deux l'après-midi.

§ 6. Ouest. — Porte de France.

36 VALENCE, 94 k. : par Saint-Robert, 7 k. ; Fontanil, 9 k. ;
Voreppe, 14 k. ; Moirans, 21 k. ; Tullins, 29 k. ; l'Albenc, 39 k. ; Vinay, 42 k. ; Saint-Marcellin, 52 k. ;
Saint-Lattier, 64 k. ; Romans, 76 k. — MM. Charvet,
place Grenette, bureau des Messageries nationales,
n° 10. — Trajet en huit heures. — *Départ*, dix heures
du matin, sept heures et demie et neuf heures du soir.
— *Retour*, neuf heures du matin, huit heures et dix
heures du soir.

37 VALENCE. — M. Leborgne, place Grenette, bureau des
Messageries générales, n° 11. — Trajet en huit heures.
— *Départ*, dix heures du matin, sept heures et demie
et neuf heures du soir. — *Retour*, neuf heures du matin, huit heures et dix heures du soir.

» SAINT-MARCELLIN (v. le n° 33).

38 TULLINS. — M. Gruizard, rue Montorge ; bureau : boulangerie de Philippaz, n° 7. — *Départ*, quatre heures
du soir. — *Retour*, cinq heures du matin.

39 VIENNE, 85 k. : par Voreppe, Voiron, 24 k. ; Grand-
Lemps, 38 k. ; La Frette, 41 k. ; La Côte-St-André,
49 k. ; Saint-Jean-de-Bournay, 64 k. ; La Détourbe,
70 k. — M. Blanc, place Grenette, bureau du roulage,
n° 13. — *Départ*, neuf heures du matin. — Même service par Moirans et Rives, au lieu de Voiron. — *Départ*,
cinq heures du soir. — *Retour*, neuf heures du matin,
cinq heures du soir.

40 VIENNE, 93 k. : par Moirans, Rives, 21 k. ; Izeaux, 35 k. ; Sillans, 37 k. ; St-Etienne-de-Saint-Geoirs, 41 k. ; Brezins, 45 k. ; La Côte, 54 k. ; Saint-Jean-de-Bournay, 69 k. — M. Vial, rue de France ; bureau : café Bouchier, n° 6. — *Départ*, quatre heures et demie du soir. — *Retour*, quatre heures du soir.

41 LYON, 108 k. : par Moirans, 21 k. ; Rives, 28 k. ; La Frette, 41 k. ; Eclose, 56 k. ; Bourgoin, 66 k. ; La Verpillière, 78 k. ; Saint-Laurent-de-Mure, 89 k. ; Bron, 98 k. ; Lyon, 108 k. — MM. Charvet, place Grenette, bureau des Messageries nationales, n° 11. — *Départ*, sept heures et demie du matin et sept heures du soir. — *Retour*, huit heures et demie du matin, sept heures et demie du soir. — Une des voitures passe par Voiron.

42 LYON, par Voiron, 24 k. ; Murette, 29 k. ; La Touvière, 45 k. ; Bourgoin, 66 k. — (La suite comme au n° 41). M. Leborgne, place Grenette, bureau des Messageries générales, n° 11. — Trajet en huit heures. — *Départ*, sept heures du soir. — *Retour*, sept heures du soir.

43 LYON, Voiron, Contamine, 36 k. ; Chabons, 43 k. ; Biol, 50 k. ; Nivolas, 62 k. ; Bourgoin, 66 k. — (La suite comme au n° 41.) — M. Cochard, rue Montorge, bureau n° 7. — Courrier, trajet en sept heures et demie. — *Départ*, neuf heures du matin et huit heures du soir. — *Retour*, sept heures du matin, neuf heures du soir.

44 RIVES. — M. Laurent Avard, rue de France ; bureau : café Combe, n° 6. — *Départ*, trois heures du soir. — *Retour*, cinq heures du matin.

45 MOIRANS. — M. Paris, rue Bressieux ; bureau : hôtel Vachon, n° 3. — *Départ*, quatre heures du soir. — *Retour*, six heures du matin.

46 TOUR-DU-PIN, 57 k. : par Voiron, Chirens, 30 k. ; Les Abrets, 46 k. — M. Nicolas, rue de France, café Rey, angle de la rue Montorge. — *Départ*, dix heures du matin. — *Retour*, six heures du matin et dix heures du matin à Voiron.

47 PONT-DE-BEAUVOISIN, 53 k. : par Chirens, Saint-Geoire, 39 k. ; même bureau. — *Départ*, deux heures du soir. — *Retour*, dix heures du soir.

48 VOIRON. — Même bureau. — *Départ,* six heures du matin, deux heures, quatre heures et sept heures du soir. — *Retour,* cinq heures, huit heures, dix heures du matin, deux heures et cinq heures du soir. — NOTA. De Voiron aux Echelles par Saint-Laurent-du-Pont. — *Départ,* cinq heures du matin.

49 VOIRON. — M. Jayet, rue Montorge ; bureau : boulangerie Philippaz. — *Départ,* quatre heures du soir. — *Retour,* six heures du matin.

50 CHAMBÉRY, par Voreppe, Saint-Laurent-du-Pont, 29 k.; Les Echelles, 36 k. — MM. Charvet, place Grenette, bureau des Messageries nationales, n° 11. — Trajet en six heures. — *Départ,* six heures du matin. — *Retour,* deux heures du soir.

51 ECHELLES. — M. Leborgne, place Grenette, bureau des Messageries générales, n° 11. — *Départ,* sept heures du matin. — *Retour,* trois heures du soir.

52 VOREPPE. — MM. Liothaud et Morin, place Grenette, café Pugnot, n° 15. — *Départ,* dix heures du matin, deux heures du soir. — *Retour,* sept heures du matin et midi.

§ 7. Voitures à volonté.

On trouve chez M. Baronnat, rue Lafayette, n° 11, et chez M. Ravix, rue Créqui, des voitures à louer, attelées d'un ou de plusieurs chevaux, qui partent à volonté pour un temps indéterminé. Prix d'une voiture à un cheval pour une course de deux heures, allée et retour, 3 fr. et l'étrenne au conducteur ; pour la journée, 15 à 18 kilom. au plus de distance, 5 fr., et 1 fr. pour le conducteur, nourriture en sus. Si on ne se charge de rien, 8 fr. et étrenne. — Pour une voiture à deux chevaux, la course, 6 fr. et étrenne ; la journée, 10 fr., nourriture et étrennes en sus. Si on ne se charge de rien, 14 fr. et étrenne. — Pour une course à Saint-Laurent-du-Pont, et retour le même jour, voiture à un cheval, tout compris, 12 fr. ; si on couche, 20 fr. ; voiture à 2 chevaux, tout compris, 20 fr. ; si on couche, 34 fr.

En partant de Grenoble de bonne heure, on a le temps d'aller à la Chartreuse, de voir le couvent, et de revenir coucher à Grenoble.

HAUTEURS

AU-DESSUS DU NIVEAU DE LA MER,

DE DIFFÉRENTS LIEUX DE LA CHARTREUSE

ET DES ENVIRONS DE GRENOBLE,

Par Ordre alphabétique de localités et par Ordre de décroissance de hauteurs (1).

§ 1er.

Ordre alphabétique.

NOTA. — Les noms de localités qui ne désignent pas des communes sont suivis d'un mot qui indique leur situation approximative.

	Mètres.		Mètres.
Albenc, gros bourg,	249	Brame-Farine (Allevard),	1198
Allemont, fonderie,	700	Brandes, lac le plus élevé (Oisans),	
Allemont, village,	817	sans),	2438
Allevard, cabane de la fosse Gueymard,	978	Brandes, mines anciennement exploitées (Oisans),	1731
Allevard, galerie Marameille,	1047	Cabane d'Autuy, au bord d'un lac (Oisans),	2105
Allevard, maison de la Taillat à M. Giroud,	1184	Chalais, couvent (Chartreuse),	940
Allevard, porte de l'église,	560	Chame-Chaude, pic (Chartr.),	2045
Articol, village,	954	Chalet de la Balme (Allev.),	1697
Autrans, sur la place,	1051	Chalet du Pré-Nouveau (Allevard),	1362
Avignonet, château,	796	vard),	1362
Balme de Rencurel,	650	Chantelouve, haut du village,	1271
Baraque de la mine de houille d'Huëz,	2106	Chapareillan, bords de l'Isère,	254
Bastille, fort de Grenoble,	483	Chapelle en Valjouffrey,	1018
Belledone (Graisivaudan),	2982	Chapelle St-Bruno (Chartr.),	1181
Belle-Etoile, montagne (Oisans),	2709	Charbonnière du Bois de Bataille, près Notre-Dame de Vaulx,	1027
Berarde (la), village (Oisans),	1766	Vaulx,	1027
Bérarde, sommet du glacier,	2828	Charmant-Som, sommet,	1871
Bergerie de Bovinant (Chartreuse),	1666	Château d'Entremont (Chartreuse),	964
Bonnets, sommet du hameau (Uriage),	861	Chartreuse (Grande),	951
		Chartroussette, habert,	1078
Bonpertuis (Rives),	1114	Château-Bayard,	464
Bourg-d'Oisans, hôtel,	719	Chenelette (la), col (Corps),	1324

(1) Ces hauteurs sont extraites de la *Statistique de l'Isère* et de la *Carte de l'Etat-major.*

	Mètres.		Mètres.
Valjouffrey, à la scierie,	1059	Villeneuve, église (Uriage),	595
Valsenestre,	1338	Vinay, à l'hôtel, r.-de-chaus-	
Venosc, maison curiale,	1064	sée,	375
Vif,	318	Vizille, hôtel Béthoux,	270
Villard-Bonnot,	233	Voiron, hôtel Brun,	269
Villard-de-Lans, place,	1025	Voreppe,	202

§ 2.

Ordre par décroissance des hauteurs.

NOTA. — Voir l'ordre alphabétique pour quelques indications de situation de localités.

	Mètres.		Mètres.
Mont-Blanc, le plus haut sommet des Alpes pennines et de l'Europe,	4799	Grand-Som,	2048
		Chame-Chaude, pic,	2045
		Crest de Lans-Suspit,	2034
Mont-Pelvoux, la plus haute montagne de France,	4105	Sept-Laus,	2034
Etendard des Rousses,	3629	Col des Plagnes et du Petit-Charnier,	1967
Lans, plus grande hauteur du glacier,	3500	Croix du lac de Crotz, un peu au-dessus du lac,	1955
Belledone,	2982	Pic St-Michel,	1951
Taillefer,	2861	Le Granier,	1937
Bérarde, sommet du glacier,	2828	Rocher de la Sure,	1924
Lac-Noir, près la Selle,	2779	La Sure, au-dessus de Vo-reppe,	1923
Belle-Etoile, montagne,	2769	Col de la Coche,	1916
Grand-Charnier, sommet,	2559	Charmant-Som, sommet,	1871
La Ferrière, vallée, hauteur des montagnes du fond de France,	2559	Crest des Onoles,	1870
		Pierre des Cent-Ecus,	1818
Crest qui sépare les bassins de Gleyzin et de Veyton,	2559	Granges de Bouvines,	1812
		Rocher de Chalves,	1776
Col-de-Peine,	2512	La Moucherolle, fontaine,	1771
Crotz, filon de fer,	2451	La Bérarde, village,	1766
Brandes, lac le plus élevé,	2438	Brandes, mines anciennement exploitées,	1751
Moucherolle,	2288	Col de l'Arc,	1718
Mines de fer des Trois-Lacs ou Laux,	2247	Lac du Collet,	1714
Croix de Chanrousse,	2247	Châlet de la Balme,	1697
Grand-Charnier, premier plateau, au sommet de la grande avalanche de la Balme,	2235	Les Etages, petit village,	1687
		Lans de Venosc, col,	1676
		Fontaine du Coin-Charnier,	1674
Lac du Plan,	2217	Bergerie de Bovinant,	1666
La Selle, bergerie,	2204	Granges d'Huëz,	1664
Col entre le Grand et le Pe-tit-Charnier,	2128	Mont des Fresses,	1643
		Mont de Malissart,	1641
Crest des Plagnes,	2124	Col de Belle-Combe,	1639
Baraque de la mine de houille d'Huëz,	2106	Col des Naves,	1606
		Marais, derniers sapins,	1604
Cabane d'Autuy, au bord d'un lac,	2105	Sommet des Franch,	1516
Meilleur-Sol, bergerie,	2095	Mines de fer du Grand-Bois, au-dessus d'Articol,	1505
Dent de Crolles,	2068	Col de la Clef, limites d'Autrans et de Montau,	1492

	Mètres.
St-Christophe, haut du village,	1489
Huëz, à l'auberge,	1468
Clarens, au-dessus du crest du Bens,	1411
Pierre de l'Ours, à la Combe de Veyton,	1411
Crest du Bens,	1403
Chalet de Pré-Nouveau,	1362
St-Eynard,	1359
Ornon, col,	1345
Valsenestre,	1338
Col de Portes,	1335
La Chenelette, col,	1324
Néron,	1305
Mont-de-Lans,	1296
Chantelouve, haut du village,	1271
Le Désert, village,	1270
Rivier d'Allemont,	1266
Grange Rambaud,	1257
Granges d'Aubillon,	1245
St-Féréol,	1242
Brame-Farine,	1198
Allevard, maison de la Taillat, à M. Giroud,	1184
Chapelle St-Bruno,	1181
Col de Chabeau,	1181
La Croix-Reculet, maison du maître-mineur,	1181
La Chevrette, au-dessus du filon,	1180
La Croix-Haute,	1172
Mont de la Ruchère,	1159
L'Hôpital ou la Roche, hospice,	1158
Sarcenas, église,	1140
Bonpertuis,	1114
Pont-Haut, à la Chevrette,	1112
Cottaves (les),	1105
Prémol, chartreuse,	1095
Cucheron (le),	1081
Chartroussette, habert,	1078
Venosc, maison curiale,	1064
Valjouffrey, à la scierie,	1059
Mont Rachais,	1058
Autrans, sur la place,	1051
Allevard, galerie Marameille,	1047
Tenaison, habert,	1030
Ferrière (la),	1028
Charbonnière du Bois de Bataille, près Notre-Dame de Vaulx,	1027
Dauphin,	1025
Villard-de-Lans, place,	1025
Chapelle en Valjouffrey,	1018
Méaudre, jard. de M. Blanc,	1012
Corps,	985

	Mètres.
Méaudre, église,	983
Collet de Mens,	979
Allevard, cabane de la fosse Gueymard,	978
Grande-Galerie, près du Freynet,	975
Sappey, village,	966
Château d'Entremont,	964
Pilionière (la), grange,	955
Articol, village,	954
Chartreuse (Grande-),	951
Quatre-Seigneurs (sommet des),	943
Chalais, couvent,	940
Freynet,	936
Petit-Chet, haut du village,	936
Prabert, village,	934
Pierre-Châtel, haut du village,	926
Quet en Beaumont,	920
Lans, hauteur des derniers blocs erratiques,	910
Laffrey,	908
Croix de la Pigne,	898
Laffrey, lac,	891
Croix-Haute, hôt. du Grand-Logis,	884
Périer (le), milieu du village,	880
Bonnets, sommet du hameau,	861
St-Pierre de Chartreuse,	849
Garde (la),	846
Valbonnais,	846
Engins, à la croix,	843
Lalley, en Trièves,	843
Mure (la), hôtel Reymond,	842
Motte (la), eaux thermales,	834
Monestier-de-Clermont,	825
Entraigues,	821
Allemont, village,	817
Avignonet, château,	796
Mens,	792
Oriol, eaux,	788
St-Jean d'Hérans,	787
Pont-Haut, partie supérieure des alluvions, près la briqueterie,	780
St-Hugon, haut fourneau,	779
Salle (la), vers l'église,	766
Clelles, maison Gueymard,	763
Bourg-d'Oisans, hôtel,	719
Pinsot, église,	718
Allemont, fonderie,	700
Enclos de la Grande-Chartreuse, fontaine près la porte de l'Œillette,	684
Fort de l'Œillette,	684
Perrière, ruines du château,	669
St-Pierre d'Entremont,	661

	Mètres.
Balme de Rencurel,	650
Lac de Raz,	650
Livet,	643
Laval,	624
Moutaret, au-dessous de l'église,	621
Col entre Villeneuve et Herbeys,	615
Pont-Haut, au-dessous de la Mure,	610
Pommiers,	604
St-Martin d'Uriage,	600
Placette (la), au-dessus de Voreppe,	597
Villeneuve, église,	595
Mines de fer des Halles, au-dessus de Vaulnaveys,	587
Allevard, porte de l'église,	560
Corenc,	550
Pont-de-Bens,	529
Quai,	523
Rioupéroux, haut-fourneau, vers la maison Barre,	511
Fourvoirie, forges,	485
Bastille, le fort,	483
Uriage, château,	481
St-Laurent-du-Pont,	479
Pont de Cognet,	477
Château-Bayard,	464
Chirens, milieu du village,	459
St-Geoire, milieu du village,	428
St-Etienne de Crossey,	407

	Mètres.
Uriage, bains,	382
Vinay, à l'hôtel, rez-de-ch.,	375
Gavet,	370
Grotte des Sarrasins,	352
Pontcharra,	347
Rives, maison Elme,	334
Séchilienne, vallée de la Romanche,	322
Vif,	318
Rives, papeterie de M. Blanchet,	310
St-Marcellin, hôtel Détroyat, rez-de-chaussée,	288
Choranches, eaux minérales,	281
Goncelin,	281
Vizille, hôtel Béthoux,	270
Voiron, hôtel Brun,	269
Chapareillan, bords de l'Isère,	254
Albenc, gros bourg,	249
Villard-Bonnot,	235
Sassenage, sur la place,	226
Domène,	218
Tullins, à l'hôtel, rez-de-ch.,	217
Grenoble, fond du bassin du château d'eau Lavalette,	214
Voreppe,	202
Fontanil, partie inférieure de la carrière, presque au niveau du village,	188
St-Nazaire, hôtel Rey, 1er étage,	173
Moirans,	171

BIBLIOGRAPHIE.

—

Ouvrages sur le Dauphiné ou sur le département de l'Isère, en vente chez PRUDHOMME, *imprimeur-éditeur, rue Lafayette, 14, au 2ᵉ étage, et chez tous les libraires de Grenoble. — La majeure partie de ces ouvrages sont en très-petit nombre.*

———

Album du Dauphiné, Recueil de dessins représentant les sites les plus pittoresques, les villes, bourgs et principaux villages, les églises, châteaux et ruines les plus remarquables du Dauphiné, etc., par MM. CASSIEN et DEBELLE. Cet ouvrage est accompagné d'un texte historique et descriptif par une société de gens de lettres de Grenoble (1). 1836-1840; 4 vol. in-4° imprimés avec luxe sur très-beau papier grand-raisin, prix. . . . . 80 fr.

Chaque volume se compose de 48 dessins et de 24 à 25 feuilles de texte. Il reste très-peu d'exemplaires de ce bel ouvrage.

Antoine, ou le Dauphiné au XVIIIᵉ siècle, roman historique par M. A. DURAND; 4 vol. in-12. . . . . 6 fr.

L'auteur passe en revue, dans cette œuvre, tous les événements qui ont marqué, pendant la révolution, dans notre ancienne province; c'est l'histoire de cette mémorable époque en ce qui concerne le Dauphiné.

Catalogue des coléoptères qui se trouvent dans les montagnes de la Chartreuse; in-8°, très-beau papier, prix: 1 fr. 50

Catalogue méthodique des corps organisés fossiles de l'Isère, avec description des espèces nouvelles, 1 vol in-8° avec planches (se vend chez Maisonville, imprimeur, rue du Palais), prix. . . . . 1 fr. 25 c.

Clinique pour l'année 1844 des Eaux thermales, salines et bromurées de la Motte-les-Bains, par M. le médecin-inspecteur BUISSARD; in-8°, prix. . . . . . . 1 fr.

Considérations sur les anciens lits de déjection des torrents des Alpes, et sur leur liaison avec le phénomène erratique, par M. Scipion GRAS, ingénieur en chef des mines; in-8°, prix. . . . . 1 fr. 50

(1) La reproduction en tout ou en partie des articles de l'*Album du Dauphiné* est interdite.

Description des mollusques fluviatiles et terrestres de la France, et plus particulièrement du département de l'Isère, ouvrage orné de planches lithographiées avec le plus grand soin, représentant les figures de plus de 140 espèces, et divisé en deux parties renfermant : 1° la description des mollusques de l'Isère ; 2° la description des autres espèces qui se rencontrent dans le reste de la France, par M. Albin GRAS, 1 vol. in-8°. prix. . . . . 5 fr.

Description des oursins fossiles du département de l'Isère, précédée de notions élémentaires sur l'organisation et la glossologie de cette classe de zoophytes, et suivie d'une Notice géologique sur les divers terrains de l'Isère ; ouvrage orné de 6 planches, représentant 45 espèces nouvelles ou non encore figurées, et d'une planche géologique ; 1 vol. in-8°, prix. . . . . 6 fr.

Description du Dauphiné, de la Savoie, du Comtat-Venaissin, de la Bresse et d'une partie de la Provence, de la Suisse et du Piémont au XVIe siècle, extraite du premier livre de l'histoire des Allobroges, par Aymar du Rivail, traduite pour la première fois en français sur le texte original publié par Alfred de TERREBASSE, précédée d'une introduction, et accompagnée de notes historiques et géographiques, par M. Antonin MACÉ, professeur d'histoire à la Faculté des lettres de Grenoble ; 1 vol. in-12, prix. . . . . 3 fr.

Cet ouvrage se vend chez M. Allier, imprimeur-libraire, Grand'Rue, 8.

Essai statistique et médical sur les eaux minérales des environs de Grenoble : la Motte, la Dame, Uriage, Allevard, Oriol et l'Echaillon, par M. C. LEROY, docteur en médecine, etc., in-8°. . . . . 2 fr.

Essais historiques sur la ville de Valence, avec des notes et des pièces justificatives inédites, par Jules OLIVIER, 1 vol. in-8°, prix. . . . . 3 fr. 50 c.

Etudes sur les eaux minérales d'Uriage, et sur l'influence physiologique des eaux en général, et les divers modes de leur emploi, par J.-V. GERDY ; 1 vol. in-8° avec planches, prix. . . . . 5 fr.

Eléments de Botanique, enrichis de cinq planches renfermant le détail des divers organes des végétaux, 2e édition ; 1 vol. in-16, prix. . . . . 1 fr. 25 c.

Flore du Dauphiné, ou Description des plantes croissant naturellement en Dauphiné ou cultivées pour l'usage de l'homme et des animaux, avec l'analyse des genres et leur tableau, d'après le système du Linné, par M. MUTEL, auteur de plusieurs ouvrages, etc.

2ᵉ édition entièrement refondue et mise à la hauteur de la science ; 2 vol. in-16, prix. . . . . 12 fr.

Guide des voyageurs à la Grande-Chartreuse, contenant l'itinéraire des quatres routes, avec les distances et les heures de marche, une notice sur la Grande-Chartreuse, une carte géographique et huit dessins lithographiés ; 1 vol. in-8º oblong, prix. . . . . 1 fr. 50 c.

Histoire chimique, médicale et topographique de l'eau minérale sulfureuse et de l'établissement thermal d'ALLE-VARD, par M. DUPASQUIER ; 2ᵉ édition revue et augmentée de nouvelles observations médicales, suivies d'un Mémoire sur l'action des bains de petit-lait, par le docteur NIÈPCE ; 1 fort vol. in-12 orné de planches. . . . . 1 fr. 50 c.

Ichnographie de la fontaine monumentale érigée par la ville de Chambéry à la mémoire du général comte de Boigne ; ouvrage composé de 11 planches dessinées par M. Cassien, et d'un texte historique, par M. DÉPOMMIER, professeur de théologie à Chambéry ; in-fº, papier jésus vélin, édition de luxe, prix. . . . . 5 fr.

Itinéraire de Grenoble à la Grande-Chartreuse, précédé d'une Notice historique sur l'origine de cet établissement ; 1 vol. in-18, prix. . . . . 60 c.

L'Oisans, essai historique et statistique, par J.-H. ROUSSIL-LON, docteur-médecin et membre de la Société de Statistique de l'Isere ; broch. in-8º, prix. . . . . 2 fr.

Marie-Thérèse de Bouès, ou Mémoires authentiques d'une famille du Dauphiné pendant l'émigration, par M. du BOISAYMÉ ; in-8º, prix. . . . . 5 fr.

Martin. Histoire de Charles Dupuis, surnommé le Brave, seigneur de Montbrun ; in-8º, prix. . . . 3 fr. 50 c.

— Antiquités et inscriptions des villes de Die, d'Orange, de Vaison, d'Apt et de Carpentras ; broch. in-8º, prix. 3 fr.

Mélanges biographiques et bibliographiques relatifs à l'histoire littéraire du Dauphiné, publiés par fascicules de 9 feuilles, par MM. Colomb DE BATINES et J. OLIVIER ; in-8º, prix. . . . . 3 fr.

Montbrun, ou les Huguenots en Dauphiné, roman historique, par E. BADON ; 2 beaux vol. in-8º, éd. de luxe, 5 fr.

Ce roman est l'exposé des guerres religieuses qui ont ensanglanté notre ancienne province.

Panorama (le) de la ville de Grenoble, de la plaine et des montagnes qui l'entourent, vu de Sainte-Marie-d'en-Haut, par M. VILLENEUVE. Longueur, 120 cent.; hauteur, 47 cent. prix. . . . . 5 fr.

192 vues sur le Dauphiné, lithographiées par MM. Cassien et Debelle ; chaque vue. . . . . 50 c.
La collection. . . . . 60 fr.

Pilot. Recherches sur les antiquités dauphinoises ; 2 vol. in-8°, prix. . . . . 5 fr.

— Histoire de Grenoble et de ses environs, depuis sa fondation sous le nom de Cularo jusqu'à nos jours ; 1 vol. in-8°, prix. . . . . 3 fr.

Poésies en patois du Dauphiné, précédées d'une Notice sur les patois de cette province, par M. Colomb DE BATINES, contenant : *Grenoblo malhérou ; lo dialoguo de lo quatro comare ; le monologuo de Janin ;* 1 vol. in-12, sur papier fort extra-superfin, imprimé en caractères neufs et avec le plus grand soin, prix. . . . . 2 fr.

Cette édition, la plus jolie qu'on ait imprimée jusqu'à nos jours, se distingue encore par une très-grande correction. Elle n'a été tirée qu'à un très-petit nombre d'exemplaires, aussi est-elle une véritable édition d'amateur qui doit prendre place dans toute bibliothèque choisie.

Statistique minéralogique du département des Basses-Alpes, ou Description géologique des terrains qui constituent ce département, avec l'indication des gîtes de minéraux utiles qui s'y trouvent contenus, ouvrage accompagné d'une carte et de coupes géologiques, par M. Scipion GRAS, ingénieur en chef des mines ; 1 vol in-8°, prix. . . 8 fr.

— minéralogique du département de la Drôme, ou Description géologique des terrains qui constituent ce département, avec l'indication des mines, des carrières, et en général de tous les gîtes des minéraux utiles qui s'y trouvent contenus ; ouvrage accompagné d'une carte géologique, par M. Scipion GRAS, ingénieur en chef des mines ; in-8°. . 8 fr.

Statistique botanique du département de l'Isère, ou *Guide* du botaniste dans ce département, par M. Albin GRAS, contenant : chap. 2, climats, végétations spéciales des trois régions spéciales du département ; chap. 3, espèces végétales remarquables ; chap. 5, indication par ordre alphabétique des principales localités du département de l'Isère, avec l'énumération de quelques-unes des plantes qu'on y rencontre, etc. ; 1 vol. in-8°, prix. . . . . 5 fr.

Vie de saint Hugues, évêque de Grenoble, suivie de la vie de Hugues II, son successeur ; d'un extrait d'une biographie de saint Hugues, abbé de Léoncel, et d'une notice biographique sur les évêques de Grenoble, par M. A. DU BOYS ; 1 vol. in-8°, prix. . . . . 5 fr.

M. DU BOYS, en écrivant la vie de saint Hugues, a fait l'histoire des longues luttes du clergé contre la noblesse ; il nous montre que c'est aux efforts énergiques de ce saint homme, si grand sous tous les rapports, et à ceux de ses successeurs, que l'on dut la répression des envahissements de la féodalité et l'accroissement des franchises populaires.

On trouve encore chez le même beaucoup de vieux livres concernant le Dauphiné, qui ne sont plus dans le commerce, et une grande quantité d'autres livres neufs et vieux en tous genres, à des prix au-dessous du cours.

En vente chez Ch. VELLOT, *libraire, rue Lafayette.*

Excursions à la Grande-Chartreuse, 1 vol. in-f° composé de 38 magnifiques lithographies, prix. . . . . 20 fr.

Ornithologie du Dauphiné, Description des oiseaux observés dans cette province ; 2 vol. grand in-8°, ornés de très-belles lithographies, prix. . . . . 24 fr.

Revue du Dauphiné, par une Société de gens de lettres ; 6 vol grand in-8°, prix. . . . . 24 fr.

Guide du voyageur à Grenoble et dans les environs ; 1 vol. grand in-8° oblong, orné de 10 lithographies et d'une carte, prix. . . . . 3 fr.

Guide à la Grande-Chartreuse ; 1 vol. in-8° oblong, orné de 8 lithographies et d'une carte, prix. . . . . 2 fr.

Endiguement de l'Isère et assainissement de la vallée du Graisivaudan, entre la frontière de Savoie et la ville de Grenoble, par M. CUNIT, ingénieur ; 1 vol. petit in-f°, orné de 5 cartes et plans, prix. . . . . 15 fr.

Il ne reste plus que quelques exemplaires de cet ouvrage.

Essai géologique sur le groupe de montagnes de la Grande-Chartreuse, partie de l'arrondissement de Grenoble comprise entre la rive droite de l'Isère et la frontière de Savoie, par M. LORY, professeur de géologie à la Faculté des sciences de Grenoble ; 1 vol. in-8°, avec une Carte de coupes géologiques et orographiques. . . . . 2 fr.

TABLE ALPHABÉTIQUE ET ANALYTIQUE

DE

TOUTES LES MATIÈRES CONTENUES DANS CET OUVRAGE.

NOTA. — Le premier chiffre indique le folio du livre ; le deuxième, l'ordre de l'alinéa auquel on renvoie. Les suites d'alinéa se trouvant en tête de page ont été comptées comme un alinéa complet. Les chiffres entre parenthèses ( ) se réfèrent aux chiffres de l'article *Route* de la table ; l'*s* qui suit les chiffres veut dire : *et suivants.*

ROUTES.

ROUTES DE LA GRANDE-CHARTREUSE.

Au couchant et au nord. Sortie par la Porte de France.

—

ROUTES A VOITURES.

Trois routes conduisent en voiture jusqu'à Saint-Laurent-du-Pont.—De St-Laurent-du-Pont au couvent (1), ainsi que pour toutes les autres routes ou chemins, le trajet se fait à pied ou à dos de mulet. Les trois routes en voiture sont :

1 1o de Grenoble à Voreppe, 2-2, 6 § II ; de Voreppe à St-Laurent-du-Pont, description, 10-4 ;

2 2o de Voiron à St-Laurent-du-Pont, 10-5 ;

(1) Prochainement, cette partie de route sera carrossable ; on y travaille actuellement : 150 mille francs y sont affectés.

3 3o de Chambéry à St-Laurent-du-Pont, 11-1. Cette route se divise ainsi : de Chambéry à St-Thibault, 12 kil. ; de St-Thibault aux Echelles, 12 kil. ; des Echelles à St-Laurent-du-Pont, 8 kil.

ROUTES A PIED OU A DOS DE MULETS.

4 Route de St-Laurent-du-Pont à la Grande-Chartreuse, 2-2, 24-4 à page 30 ;

5 chemin du Frou à la Grande-Chartreuse par la Ruchère, 30 § III, 31-6 ; ou par St-Pierre-d'Entremont, 32-5 ;

6 de St-Pierre-d'Entremont à la Chartreuse par la vallée des Meuniers et le Cucheron ; ou par la vallée des Eparres, 33-4 et suiv. ;

7 chemin par le couvent de Chalais en passant par Voreppe, 47 § V, et allant directement au couvent par le pas de la Miséricorde ou par la route de St-Laurent-du-Pont que l'on reprend à Pommiers, 50-3-4 ;

8 chemin par St-Egrève, Proveysieux et Pomaré, 41 § IV-

9 chemin par St-Martin-le-Vinoux, Sarcenas et le Sappey ; voir la route du Sappey pour la suite.

Routes au nord. Sortie par la Porte Saint-Laurent.

10 Route par la Tronche, Corenc et le Sappey, 2-2 ; description, distance, 3 § 1 ;

10 *bis*. Indépendamment de cette route, depuis Chapareillan, commune frontière, en amont de l'Isère, au commencement de la plaine du Graisivaudan jusqu'à St-Ismier, à 10 kil. de Grenoble, différents chemins s'élèvent à travers plus ou moins d'obstacles que présente l'ascension de la montagne jusque sur le premier plateau qui domine la plaine dans toute sa longueur. Ce

plateau est traversé par un chemin que relie entre elles les communes de St-Michel, de St-Bernard , de St-Hilaire et de St-Pancrace , pour se diriger ensuite de ce dernier lieu sur St-Pierre-de-Chartreuse et la Grande-Chartreuse. Ce chemin est la voie unique à laquelle viennent aboutir les chemins ascendants ;

11 du Touvet à St-Bernard ;

12 de la Terrasse à St-Bernard;

13 de Lumbin à St-Hilaire, par le *Pal-de-Fer* ;

14 de Bernin à St-Pancrace, par les *Coudières* : c'est la route la mieux en état. (Ces deux noms *Pal-de-Fer* et *Coudières* sont caractéristiques des passages qu'ils désignent.)

15 de St-Ismier à St-Pancrace.

Nous ne citons que les voies principales et les plus fréquentées. Toutes se rattachent à l'artère que nous avons citée, 10 *bis*, et conduisent à St-Pancrace, point extrême du plateau pour se diriger sur la Grande-Chartreuse. Ces chemins ne sont pas décrits dans l'itinéraire, ils ne sont que mentionnés en général, 51-2 et suiv.

Routes diverses. De St-Laurent-du-Pont à la Chartreuse de Currières, 15-4 ; — au Pont-de-Beauvoisin par Chailles, 16-5 ; — des Echelles , 18-5 ; — de Lyon à Chambéry, 16-7. — V. *Mulets, Voitures.*

Roux Alix, 96-6.

Ruchère (la), section de la commune de St-Christophe-entre-deux-Guiers ; — hameau, 32-1 ; — vallée, 32-4, 56-1. — V. *Routes* (5).

S

Sacristain, officier de l'ordre, 81-1.

Sacristie, description , 71-3.

St-André (bois de), forêt située sur la commune de St-Laurent-du-Pont.

Saint-Bernard, commune du can-

ton du Touvet : 544 habitants ; à 7 kilomètres du Touvet et à 25 kilomètres de Grenoble, v. *Routes* (10 bis, 11 et 12).

Saint Bruno, biographie , 52-2 et suiv. — V. *Chapelle.*

Saint - Christophe - entre - deux-Guiers, commune de St-Laurent-du-Pont : 1,306 habitants ; à 8 kil. de St-Laurent-du-Pont et à 38 de Grenoble.

Saint-Egrève, village, 42-7. — V. *Routes* (8).

Saint-Etienne-de-Crossey, village, 10-5.

Saint-Eynard , montagne située sur les communes du Sappey et de Corenc ; — flore, 127.

Saint-Franc (Savoie) , v. *Chailles*, 16-7.

Saint-Hilaire, commune du canton du Touvet : 421 habitants ; à 10 kil. du Touvet et à 22 kil. de Grenoble, v. *Routes* (10 bis et 13).

Saint Hugues, évêque de Grenoble , v. *Saint Bruno.*

Saint-Ismier, v. *Routes* (15).

Saint-Joseph-de-Rivière, situation, 10-4.

Saint-Julien-de-Raz , 9-5.

Saint-Laurent-du-Pont , description, 11-3 , 12-7 ; — flore, 127. — V. *Routes.*

Saint-Louis (chapelle de), 70-7.

Saint-Martin-le-Vinoux, v. *Routes* (9).

Saint-Pancrace , commune du canton du Touvet : 317 habitants ; à 14 kil. du Touvet et à 19 kil. de Grenoble, v. *Routes* (10 bis, 14 et 15).

Saint-Pierre-de-Chartreuse, commune du canton de St-Laurent-du-Pont : 1821 hab.; à 1 kil. de St-Laurent-du-Pont, à 2 myr. de Grenoble ; — situation , 1-2, 5-2 ; — incendie, 11-4.

Saint-Pierre-d'Entremont , commune du canton de St-Laurent-du-Pont : 1433 hab.; à 16 kil. de St-Laurent-du-Pont , à 47 kil. de Grenoble; — situation, 1-2, 32-7. — V. *Routes* (5, 6).

Saint-Robert, village, 6-4.

Saint-Sauveur, chapelle, 71-5.

Sainte-Foix , v. *Panorama*, 34-5.

Z

TABLE SOMMAIRE DES MATIÈRES.

PREMIÈRE PARTIE.

DEUXIÈME PARTIE.